Début d'une série de documents
en couleur

LES AVENTURES

D'UN

CAPITAINE FRANÇAIS

PLANTEUR AU TEXAS

ANCIEN RÉFUGIÉ DU CHAMP D'ASILE

PAR JUST GIRARD

TOURS

ALFRED MAME ET FILS

ÉDITEURS

BIBLIOTHÈQUE DE LA JEUNESSE CHRÉTIENNE

FORMAT IN-8° — 3° SÉRIE

Tours. — Impr. Mame.

Fin d'une série de documents
en couleur

LES AVENTURES

D'UN

CAPITAINE FRANÇAIS

———

2ᵉ SÉRIE IN-8°

Cette cérémonie, passablement grotesque, coûta à la colonie
force tafia. [P. 75.]

LES AVENTURES

D'UN

CAPITAINE FRANÇAIS

PLANTEUR AU TEXAS
ANCIEN RÉFUGIÉ DU CHAMP D'ASILE

PAR JUST GIRARD

—

NOUVELLE ÉDITION

TOURS
ALFRED MAME ET FILS, ÉDITEURS
—
M DCCC LXXXIV

Les *Aventures du capitaine* *** nous ont été racontées par lui-même lors de son dernier voyage à Paris.

L'intérêt que nous avons pris à ce récit nous a fait supposer qu'il serait partagé par les jeunes lecteurs à qui nous avons l'habitude de nous adresser, et cette pensée nous a déterminé à le reproduire à peu près tel que nous l'avons entendu de la bouche du narrateur. Seulement, pour rendre ce récit plus intelligible, nous avons cru devoir le faire précéder d'une courte notice géographique et géologique sur le Texas.

NOTICE

SUR LE TEXAS

Le territoire du Texas[1] est borné au nord et à l'est par
la Louisiane, à l'ouest et au sud par les États mexicains,
et au sud-est par le golfe du Mexique. La rivière Rouge
(*Red-River*) lui sert de limites au nord, la Sabine à l'est,
et le Rio-Bravo-del-Norte à l'ouest. Ses côtes, comprises
entre l'embouchure de la Sabine et celles du Rio-Bravo-
del-Norte, présentent une étendue de quatre-vingt-quatre
myriamètres (cent quatre-vingt-dix-neuf lieues géogra-
phiques). Il s'étend du sud au nord sur une longueur
de quatre-vingt-quatre myriamètres, et sa largeur de
l'est à l'ouest est de quatre-vingts myriamètres (cent
quatre-vingts lieues). Sa superficie est évaluée à environ
quatre mille neuf cents myriamètres, près de vingt-cinq
mille lieues.

Toute cette contrée, inclinée vers le sud-est, se divise

[1] Ce pays est aussi connu sous le nom de Fredonia, que lui don-
nèrent les Espagnols; mais le nom de Texas, que lui donnent les
Indiens, a prévalu.

1*

en trois zones distinctes, que l'on nomme : les *montagnes*, les *prairies* et les *plaines*. La zone des montagnes occupe la partie nord-ouest et comprend la Sierra de San-Saba, ramification de la Sierra de Madre, l'une des grandes chaînes du Mexique.

A l'exception de leur crête, qui est aride, ces montagnes offrent une belle végétation. Couvertes de magnifiques forêts où le pin et le chêne sont mêlés à une variété infinie d'arbrisseaux, elles présentent une série de vallons parfaitement arrosés, où la terre ne demande que la main de l'homme pour donner des trésors en échange d'un peu de culture.

La zone des prairies est la partie intermédiaire de la contrée. Sa surface légèrement ondulée s'étend depuis le pied des montagnes jusqu'aux bords de la rivière Rouge, qui forme la limite septentrionale du Texas. La végétation y est riche et magnifique.

La zone des plaines borde la côte; mais elle s'avance plus ou moins dans l'intérieur des terres : ainsi, sur les bords de la Sabine, elle ne s'étend qu'à quarante-huit kilomètres de la mer; sur ceux du San-Jacinto elle remonte à cent douze kilomètres, et jusqu'à cent soixante sur ceux du Colorado. Cette zone est d'une fertilité extraordinaire.

Le Texas est une des contrées les mieux arrosées qui existent. Les rivières y sont assez profondément encaissées pour qu'on n'ait jamais à craindre ces épanchements d'eau qui forment des marais dangereux par les miasmes qui s'en exhalent. Elles présentent, en général, comme presque toutes celles de l'Amérique septentrionale, des rapides qu'il sera facile de faire disparaître, lorsqu'il s'agira d'établir des communications par les bateaux à vapeur.

Les principaux cours d'eau sont, en allant de l'est à l'ouest : le Rio-Bravo-del-Norte, dont le cours est de deux cent vingt-deux myriamètres de sa source à son embouchure ; son parcours dans le Texas est de soixante-douze myriamètres. Le Rio-de-las-Nueces (la rivière des Noix), dont la longueur est de cinquante-trois myriamètres. Le Rio-San-Antonio et la Guadalupe ont chacun quarante à quarante-cinq myriamètres de parcours. Le Rio-Colorado, dont le cours est de soixante-quinze myriamètres, doit son nom au limon rougi par l'oxyde de fer qui le colore après les pluies. D'après les reconnaissances faites par ordre du gouvernement, il serait navigable depuis son embouchure jusqu'à la zone des montagnes, c'est-à-dire pendant trois cent soixante kilomètres.

Le Rio-Brazos, appelé sur les anciennes cartes Rio-Flores, est le fleuve le plus considérable du Texas ; il prend sa source dans la partie nord-ouest de cette contrée, et se jette dans la baie de San-Bernardo après un cours d'environ cent myriamètres (deux cent vingt-cinq lieues).

Le Rio-Trinidad paraît avoir au moins cinq cent quarante kilomètres de longueur ; quelques voyageurs lui donnent une étendue plus considérable ; mais ce qu'il y a de certain, c'est que les bateaux à vapeur le remontent sans obstacle pendant au moins deux cent quarante kilomètres. C'est sur ses rives que les Français tentèrent de fonder, en 1818, un établissement sous le nom de Champ-d'Asile, dont nous parlerons plus tard. Ses bords sont élevés et couverts d'arbres qui donnent de beaux bois de construction. Le sol qui s'étend sur ses deux rives est riche et fertile.

Enfin la Sabine, qui sur la plus grande partie de son

cours sépare le Texas de la Louisiane, a environ quatre
cents kilomètres de longueur. Dans toutes les saisons, les
bateaux à vapeur la remontent jusqu'à cent vingt à cent
soixante kilomètres de son embouchure.

Les côtes sont découpées par des baies dans lesquelles
se jettent les cours d'eau, et bordées d'îles et de lagunes.
Un peu au nord de l'embouchure du Rio-Bravo, s'étend
la Laguna de la Madre, longue d'environ deux cents
kilomètres, et terminée vers le nord par la baie de
Corpus-Christi, qui n'a pas moins de trente-deux kilomètres de largeur, et environ le double de longueur.
A l'entrée de cette baie s'étend une grande île appelée
Isla del Padre. Un peu plus au nord, la baie d'Aransas
a trente-deux à quarante kilomètres de longueur, seize
de largeur et une profondeur de trois à quatre mètres.
La baie boueuse et peu profonde d'Espiritu-Santo, dans
laquelle se jettent la Guadalupe et le San-Antonio, est
en partie formée par l'île de Matagorda, longue de quatre-
vingt-seize kilomètres sur dix de largeur. La baie de
Galveston, dans laquelle le Jacinto et le Rio-Trinidad
ont leurs embouchures, a environ cinquante-six kilomètres du sud au nord et vingt à vingt-huit de l'est à
l'ouest. Elle peut recevoir des navires qui tirent plus de
quatre mètres d'eau. Enfin les côtes se terminent par la
baie de la Sabine, sorte de grand lac dans lequel se jette
ce fleuve.

L'île de Galveston, autrefois San-Luis, qui s'étend à
l'entrée de cette baie, n'est autre chose qu'un banc de
sable formé par le mouvement des eaux marines. Elle
a cinquante kilomètres de longueur sur quatre dans sa
plus grande largeur, et ne s'élève pas à plus de douze
mètres au-dessus du niveau de la mer. De hautes gra-
minées, entremêlées de quelques mimosas, de cactus

opuntias, de salsola et d'autres plantes marines, couvrent sa surface. C'est sur cet îlot qu'a été construite tout récemment la ville de Galveston, siège de l'évêché du Texas, et le port de mer le plus important de cette contrée.

Le climat du Texas est délicieux. La zone des plaines est la plus chaude : la température y est à peu près celle de la Louisiane; mais elle est plus salubre. Pendant l'été, le thermomètre marque constamment 30 degrés centigrades; mais cette chaleur est tempérée par les brises de mer. A mesure qu'on s'élève vers le nord, le climat devient de plus en plus ravissant. L'hiver, des pluies abondantes tombent depuis le 15 novembre jusqu'au 15 janvier, et humectent la terre pour les dix autres mois. Quelquefois il s'y mêle un peu de neige, mais qui ne séjourne jamais. Le printemps commence en février; les chaleurs se font sentir en avril et durent jusqu'à la fin de septembre.

Les trois zones qui partagent le Texas, et la température variée qui y règne, sont des indices suffisants d'une végétation qui doit être remarquable par sa richesse autant que par sa variété. En effet, on y trouve au sud et au sud-ouest de magnifiques forêts qui renferment d'inépuisables trésors pour la marine. Le chêne, le peuplier de la Caroline, le frêne, le noyer, le cyprès, le cèdre rouge, le merisier, le noisetier, l'érable, l'acacia, le tilleul, le sapin, le sycomore, le sumac, etc., en forment une des principales essences. Du milieu de ces immenses forêts s'élève à trente-trois mètres de hauteur le magnolia grandiflora. L'arbre à gomme et l'arbre à caoutchouc croissent en quantité sur les bords du Colorado; mais leurs produits sont encore négligés.

Sur les bords du San-Antonio on cultive plusieurs

espèces d'arbres à thé, dont les produits ne diffèrent en rien de ceux que nous tirons de la Chine. Le mûrier croît admirablement dans la partie occidentale du Texas. La cochenille et l'indigo y ont parfaitement réussi ; le tabac y est d'une qualité supérieure ; la canne à sucre y donne deux récoltes. Enfin le cotonnier donne au Texas des produits remarquables, et atteint constamment un à deux mètres de hauteur. Ce végétal paraît devoir être une source de richesse pour le pays ; en effet, il y est à la fois plus beau, plus abondant sur la même étendue de terrain que dans les États les plus favorisés de l'Union américaine. On n'y peut craindre que l'excès de la production.

La canne, variété de Taïti, y vient à merveille ; elle fournit la substance sucrée dans le cours d'une végétation de cinq à six mois, et donne deux récoltes. Le maïs y réussit parfaitement. Les prairies élevées qui entourent San-Antonio de Béjar sont très propres à la culture du blé. Ajoutons que la culture du mûrier, du tabac et de l'indigo a été essayée avec succès, et que, parmi les arbres forestiers, le chêne vert se présente comme un des meilleurs pour la construction des navires.

La constitution géologique du Texas offre d'admirables facilités pour l'éducation du bétail. Ses belles prairies, parées pendant six mois d'une herbe verdoyante, sont couvertes d'innombrables troupeaux errant en liberté et portant seulement la marque de leurs propriétaires.

Si le Texas n'a pas, comme le Mexique, des mines d'or et d'argent, il possède, ce qui est bien plus précieux pour le travail et la civilisation, le fer et le charbon de terre. Au nord de la Sabine, tout le long des hau-

teurs qui commencent au nord-ouest et vont se joindre
aux monts Ozarks, on rencontre des mines de fer très
abondantes qui contiennent, dit-on, 50 0/0 de métal.
Le lit du Brazos est extrêmement riche en grès ferrugi-
neux, et, dans la plaine qui s'étend entre le Brazos et
le Colorado, tous les ravins sont remplis de fer hématite
en grain.

Le fer et le charbon doivent contribuer puissamment
à la prospérité du Texas, où les rivières et les chemins
de fer établis sur des troncs d'arbre, comme aux États-
Unis, sont les seules voies de communication, les seules
par lesquelles il lui soit possible de faire écouler ses produits.

C'est aussi sur les bords des principaux courants du
Texas que nous trouvons ses établissements industriels,
ses grandes exploitations agricoles, ses villes anciennes,
celles qui n'ont que quelques années, quelques jours
de date, celles mêmes qui ne sont, pour ainsi dire, que
tracées.

Nous remarquons sur le San-Antonio, aux eaux salu-
bres et limpides, Goliad, autrefois Bahia, et Béjar, cités
espagnoles qui furent longtemps importantes, la dernière
surtout, comme point intermédiaire entre la Louisiane et
le haut Mexique.

C'est sur les bords du Brazos, du Colorado et du Buffalo-
Bayou qu'il faut chercher les villes les plus importantes.
La San-Felipa de Austin, berceau de la révolution
texienne, peuplée de six mille habitants; Houston, ville
qui n'a guère que vingt ans d'existence, et qui déjà
atteste les progrès de la civilisation, du luxe, et la rapide
prospérité du pays; Austin, la capitale du pays, placée
sur le haut Colorado, en avant de tous les établissements
existants, se développe sur une vaste échelle, et offrira

bientôt à l'Amérique du Nord une grande et belle cité de
plus.

Nous pouvons encore compter parmi les villes les plus
importantes, tant anciennes que nouvelles, Bonham,
Castroville, Corpus-Christi, Crockett, Frederiksburg,
Hortontown, Indianola, Lawara, Marhall, Nacogdoches,
Palestine, Richemond, Washington, Victoria, Liberty, etc.

A l'époque de la déclaration de l'indépendance, les
Texiens partagèrent leur république en trente-deux
districts ou comtés ; aujourd'hui le nombre de ces sub-
divisions est de quatre-vingts.

Quand les réfugiés français vinrent, il y a quarante
ans, fonder le Champ-d'Asile, il n'y avait pas dans tout
le pays dix mille habitants d'origine europé-nne. Aujour-
d'hui cette population s'élève à près de quatre cent mille
âmes.

LES AVENTURES

D'UN

CAPITAINE FRANÇAIS

CHAPITRE I

Rapide coup d'œil sur les premières années de ma vie,
jusqu'à mon arrivée à Baltimore.

Je passerai rapidement sur les premières années de ma vie pour arriver à l'époque où les
événements me forcèrent de quitter la France, et
d'aller chercher une nouvelle patrie dans un autre
hémisphère.

Je suis né à Paris en 1792. J'avais sept ans à
peine quand j'eus le malheur de perdre ma mère.
Mon père se remaria peu de temps après, et sa
nouvelle femme prit à tâche de me rendre plus
douloureuse encore la perte que je venais de
faire. En véritable marâtre, elle me détestait cordialement, et mon père, pour lui plaire, me plaça

dans une maison de Saint-Germain; car à Paris
j'aurais été trop près de la maison paternelle.

Je suis resté dix ans dans cet établissement.
Pendant tout ce temps-là je n'ai reçu que deux ou
trois fois la visite de mon père, et jamais je n'ai
pu obtenir la permission de venir à Paris. J'ai fait
de bonne heure, comme vous le voyez, l'appren-
tissage de l'exil.

Vers la fin de 1809, j'avais terminé tant bien
que mal mon éducation. C'était le moment le
plus brillant du règne de Napoléon Ier. Comme
la plupart des jeunes gens de mon âge, je ne
rêvais que gloire militaire, et quand mon père
me demanda, en venant me retirer de ma pension, quel état je désirais embrasser, je répondis
sans hésiter que je voulais être soldat. Il approuva
fort mon dessein, et le jour même il me fit signer
mon engagement. Le lendemain il me conduisit
à Versailles, où se trouvait le dépôt de mon régiment, et, après m'avoir recommandé au chef de
dépôt, il me remit une bourse contenant vingt
napoléons d'or, m'embrassa et partit. Je ne l'ai
jamais revu.

Cette froideur me serra le cœur; mes yeux se
gonflèrent de larmes en le voyant s'éloigner; puis
je me soulageai en maudissant intérieurement la
marâtre que j'accusais de m'avoir ravi la ten-

dresse de mon père. Mais, une fois entré au quartier, le nouveau genre de vie, la variété des occupations et des exercices me firent oublier peu à peu mes chagrins domestiques.

Quinze jours après je faisais partie d'un détachement qui allait rejoindre le régiment en Espagne.

Je suis resté dans ce pays-là jusqu'à l'époque de l'évacuation de la Péninsule par notre armée, et je rentrai en France avec l'épaulette de lieutenant, après avoir passé par tous les grades inférieurs.

Malgré le peu d'affection que m'avait toujours témoigné mon père, je ne manquai jamais de lui écrire chaque fois que je recevais un nouveau grade. Ses réponses étaient froides et laconiques ; une seul se distingua par un ton tout différent, ce fut celle qu'il m'écrivit à l'occasion de ma nomination au grade d'officier. Là, pour la première fois, il me tenait le langage d'un père tendre et affectueux. J'en fus vivement touché, et ma réponse lui eût prouvé tout l'effet qu'avait produit en moi cette marque inattendue d'amour paternel, s'il avait pu la lire ; malheureusement il mourut avant qu'elle lui parvînt, et cette triste nouvelle me fut annoncée par le notaire de la famille, qui m'écrivit pour me demander ma procuration, afin de régler sa succession avec ma belle-mère. Ainsi ce fut au moment même où sa tendresse pour moi semblait se réveiller que j'eus la douleur de le perdre.

D'autres sujets d'affliction m'attendaient à mon retour en France. L'armée anglo-espagnole entrait derrière nous sur le territoire de l'empire et envahissait une partie de nos provinces du Midi, tandis que le reste de l'Europe couvrait de ses bataillons innombrables tous nos départements du Nord et de l'Est. Après nous être mesurés une dernière fois avec les Anglais, sous les murs de Toulouse, nous apprîmes l'abdication de Napoléon, la chute de l'empire et le rétablissement des Bourbons. Peu de temps après on m'annonça que j'étais mis à la demi-solde.

Pour moi qui ne voyais d'autre carrière que l'état militaire, cette nouvelle était la ruine de toutes mes espérances. N'ayant plus de liens de famille, ni d'intérêt qui me rattachât à la France, je ne songeai qu'à m'éloigner d'une patrie que, d'après ma manière de voir et mes opinions politiques, je ne pouvais plus servir désormais de mon épée, et dont je n'avais plus rien à attendre.

Plein de ces idées, je me rendis à Paris pour recueillir ce qui me revenait de la succession de mes parents, et partir ensuite pour les États-Unis d'Amérique.

Je croyais dans mon impatience n'avoir qu'à me présenter chez le notaire de ma famille et toucher immédiatement ce qui m'appartenait; mais j'avais compté sans mon hôte, je veux dire sans ma belle-mère, qui éleva chicane sur chicane, et fit durer plus de dix mois la liquidation de no.: affaires. Elle n'était pas encore terminée, quand tout à coup le bruit se répand du débarquement de Napoléon à Cannes, de son entrée à Grenoble, et de sa marche sur Lyon.

Aussitôt j'abandonne tout; je me joins à quelques camarades en demi-solde comme moi, et nous courons à la rencontre de notre empereur. Nous le trouvâmes à Châlons-sur-Saône, entouré déjà d'une nombreuse armée et des flots de la population bourguignonne, qui le saluait des acclamations les plus enthousiastes. Je revins avec lui à Paris, et quelques jours après je reprenais du service avec le grade de capitaine.

J'étais si heureux, que je me montrai on ne peut plus facile pour terminer mes affaires avec ma belle-mère; j'acceptai des propositions que j'avais formellement rejetées quinze jours auparavant; enfin je consentis, pour en finir, à recevoir le tiers au plus de ce qui me revenait légitimement. En effet, la succession de ma mère, dont mon père avait conservé l'usufruit, s'élevait à soixante mille francs, et ma part dans la succession paternelle devait être de vingt-huit à trente-mille francs. Néanmoins je donnai quittance définitive pour la somme de trente mille francs, qui me furent comptés en espèces. Je laissai vingt-cinq mille francs en dépôt chez mon notaire, et j'en gardai cinq mille pour mes frais d'entrée en campagne, et pour fêter dignement, avec les camarades, le retour de l'empereur.

Pendant deux mois mon esprit se berça des plus brillantes illusions. Nous allions recommencer cette série d'expéditions merveilleuses qui avaient illustré nos armes et fait trembler l'Europe pendant plus de vingt ans. Je me réservais modestement une glorieuse part dans cette nouvelle série de nos futures victoires et conquêtes. Je me voyais successivement décoré des divers insignes de la Légion d'honneur, auxquels se joindraient bientôt les grosses épaulettes, puis les épaulettes étoilées [1], et peut-être un jour, qui le sait? le bâton de maréchal.

La campagne s'ouvrit au milieu de ces rêves dorés. Mon régiment se trouva engagé dès les pre-

---

[1] Les épaulettes de général ont deux étoiles pour le grade de général de brigade, et trois pour celui de général de division.

mières affaires; à la bataille de Fleurus, nous
enlevâmes vaillamment une position non moins
vaillamment défendue par des soldats écossais.
J'étais arrivé le premier avec ma compagnie sur
le terrain occupé par les braves *highlanders;* un
instant nous fûmes enveloppés, mais presque aussitôt dégagés par le reste du régiment accouru sur
nos pas. L'empereur avait remarqué ce fait
d'armes, et,,à la revue qui suivit la bataille, il
me décora de sa propre main.

Vous dire à quel point j'étais heureux et fier,
ne serait pas en mon pouvoir. Je voyais déjà
commencer l'accomplissement de mes rêves, et
je m'abandonnai plus que jamais à toutes mes
illusions.

Le réveil fut prompt et terrible. La fatale journée de Mont-Saint-Jean vint faire évanouir tout
ce brillant fantôme, et me replonger dans une
position plus triste que celle où je m'étais trouvé
six mois auparavant.

Je suivis l'armée dans sa retraite au delà de la
Loire. Quand elle fut licenciée, je songeai de
nouveau à exécuter le projet que j'avais formé
de me retirer en Amérique. En passant à Orléans,
ville occupée par les Prussiens, j'eus une querelle dans un café avec quelques officiers de cette
nation; un duel devait s'ensuivre, mais la police

française intervint, et je fus conduit en prison. Je
dois rendre justice à mes adversaires, les officiers
prussiens : ils firent tous leurs efforts pour que je
fusse rendu à la liberté; mais le procureur du roi
s'y opposa, et me traduisit devant le tribunal
correctionnel comme portant indûment la décoration de la Légion d'honneur. J'avais déclaré
dans mon interrogatoire de quelle manière cette
croix m'avait été donnée. Après un mois de dé-
tention préventive, le tribunal m'acquitta comme
ayant agi de bonne foi; mais il m'enjoignit de
cesser de me parer désormais d'une décoration
qui m'avait été illégalement décernée par l'usur-
pateur, et qui n'était point inscrite dans les registres de la grande chancellerie de la Légion
d'honneur.

Cette défense de porter une décoration que
j'avais si légitimement gagnée et que j'avais reçue
de la main même du fondateur de l'ordre, me fut
plus pénible que ne l'aurait été une condamnation
à plusieurs mois ou même à un an ou deux de
prison. Mais que faire? on était alors au plus fort
de la réaction contre tout ce qui avait pris une
part plus ou moins directe au retour de l'île
d'Elbe, ou qui avait aidé Napoléon à relever pour
quelques jours le trône impérial. Labédoyère et
le maréchal Ney venaient d'être fusillés. La mort

planait sur les serviteurs les plus dévoués de l'empereur, et ceux qui avaient pu échapper à l'arrêt de proscription allaient attendre dans l'exil des jours plus calmes ou y chercher une nouvelle patrie.

Mon parti fut bientôt pris. En quittant Orléans je me rendis à Paris, où je ne m'arrêtai que le temps nécessaire pour retirer mes fonds de chez mon notaire, et obtenir un passeport pour me rendre en Angleterre.

A Londres, je retrouvai plusieurs de mes camarades d'infortune, entre autres le colonel et deux officiers de mon régiment. En apprenant mon affaire d'Orléans, le colonel m'offrit de me donner un certificat, signé également des deux autres officiers, constatant, comme témoins oculaires des faits, et ma conduite à la bataille de Fleurus, et la manière dont l'empereur l'avait récompensée. « Cela pourra, me dit-il, remplacer jusqu'à un certain point le brevet qui vous manque, et peut-être vous le faire obtenir un jour. Dans tous les cas, vous pouvez reprendre maintenant votre décoration sans que personne y trouve à redire. »

Je le remerciai, et j'acceptai avec empressement son offre. Du reste, sa prédiction s'est accomplie; car c'est à l'aide de cette déclaration que j'ai obtenu, depuis le rétablissement de l'empire, le

2

brevet régulier de membre de la Légion d'honneur.

Vous riez peut-être de me voir attacher tant
d'importance à un bout de ruban, et vous vous
étonnez qu'habitant et citoyen depuis quarante
ans d'une république où ces sortes de distinctions
sont inconnues, je n'aie pas appris à mépriser ces
hochets de la vanité; eh bien, détrompez-vous,
j'attache d'autant plus de prix à ma croix d'honneur que non seulement elle est pour moi un
glorieux souvenir, mais qu'elle m'a procuré la
bienveillance de peuples sauvages, et qu'elle n'a
pas été étrangère à l'estime et à la considération
dont je jouis au milieu d'un peuple républicain.

Nous nous embarquâmes sur le premier navire
en partance pour les États-Unis. Le colonel seul
ne put nous accompagner, parce qu'il désirait se
rendre directement à la Nouvelle-Orléans, où il
avait des parents, et que notre bâtiment allait à
Baltimore. Pour moi, je n'avais de préférence
pour aucune ville, et je me serais aussi bien embarqué pour New-York, Boston ou la Nouvelle-
Orléans que je le faisais pour Baltimore; mais il
fallait attendre un mois au moins le départ d'un
navire pour la Louisiane, et j'avais hâte de m'é-
loigner de l'Europe.

Après une heureuse traversée, nous débarquâmes dans la capitale du Maryland, au mois d'avril 1816.

Pendant mon séjour à Londres et pendant la traversée, je m'étais appliqué à l'étude de la langue anglaise, indispensable à l'étranger qui habite les États-Unis; mais, malgré les progrès que j'avais faits dans cette étude, nous nous serions trouvés fort embarrassés, mes camarades et moi, si en arrivant à Baltimore nous n'y avions trouvé une petite colonie de Français qu'une autre révolution avait jetés sur ces parages, C'étaient d'anciens colons de Saint-Domingue, chassés de cette île par la révolte des nègres en 1794 ou 1795, et qui étaient venus chercher un refuge sur la terre hospitalière de l'Union américaine.

La plupart d'entre eux étaient loin de se trouver dans l'aisance; quelques-uns même vivaient dans la gêne; tous cependant nous firent l'accueil le plus cordial et nous offrirent gracieusement l'hospitalité. Nous n'étions que dix émigrants : six officiers, deux employés des postes compromis dans l'affaire Lavalette, et deux employés du ministère de la guerre destitués pour cause d'opinion. Après quelques débats entre eux, à voix basse, dix des principaux colons se chargèrent de nous.

Un heureux hasard, ou, pour mieux dire, un

véritable bienfait de la Providence, me donna
pour hôte M. Tournel, autrefois riche planteur
de Saint-Domingue, maintenant marchand quin-
caillier à Baltimore. C'est à lui, c'est à ses sages
conseils que j'ai dû d'échapper au sort déplorable
qui attendait la plupart de mes compagnons d'exil ;
et plus tard, en m'admettant au nombre des
membres de sa famille, c'est encore à lui que j'ai
dû le bonheur et la prospérité dont j'ai joui jusqu'à ce jour.

Avant de continuer mon récit, je dois vous
donner quelques détails sur cette famille patriar-
cale, où je fus reçu, à mon arrivée dans le nouveau monde, moins comme un hôte que comme
un ancien ami, ou plutôt comme un frère.

CHAPITRE II

La famille Tournel. — Séjour à Baltimore.

M. Tournel était un homme d'une quarantaine d'années, d'une taille moyenne, mais bien prise. Son teint avait cette pâleur ordinaire aux créoles des Antilles; car sa famille, française d'origine, était une des plus anciennement établies dans notre colonie de Saint-Domingue. Elle y possédait les plus riches plantations, quand la révolte des nègres vint brûler, détruire, anéantir toute cette fortune. Ses frères, sa mère, sa sœur, furent massacrés presque sous ses yeux; lui-même fut blessé en défendant son père, qu'il eut toutefois le bonheur d'arracher à la mort. Tous deux parvinrent à gagner le bord de la mer, se jetèrent dans une embarcation et furent recueillis par un navire espagnol qui les transporta à la Havane.

Ils restèrent trois ans dans cette île, espérant

toujours que la France finirait par reconquérir Saint-Domingue, et qu'ils rentreraient dans leurs propriétés. Mais la malheureuse issue de l'expédition du général Leclerc leur ôta bientôt tout espoir. M. Tournel le père ne put supporter tant d'infortunes; il tomba malade et mourut dans les bras de son fils après quelques jours de souffrance.

Pendant leur séjour à la Havane, ils avaient vécu sur un petit trésor que M. Tournel père avait trouvé moyen de sauver au milieu de leur désastre. C'étaient des diamants qui avaient appartenu à sa femme, et qui, renfermés dans une petite boîte, avaient pu facilement être emportés. Il les avait convertis en espèces, et avait placé cette somme chez un banquier; puis, accoutumé au luxe et à l'insouciance des créoles, il puisait sans compter dans la caisse de ce dernier, s'inquiétant peu d'épuiser ses ressources, par l'espoir certain qu'il avait de recouvrer bientôt sa fortune.

Mais après sa mort, quand le fils se présenta chez le banquier, celui-ci lui remit un compte constatant qu'il ne lui restait pas une piastre de la somme déposée par son père. Le compte était-il exact? Le malheureux jeune homme n'avait aucun moyen de le contrôler.

Ainsi le voilà sans ressource, sans appui, livré à lui-même dans un pays étranger. Comment faire pour vivre? Il n'avait jamais travaillé; il n'avait appris aucune profession; son éducation avait été très négligée, comme cela n'arrivait que trop souvent aux enfants de riches colons. Cependant il ne se laisse point aller au découragement. Il a vingt ans, et à cet âge, avec de la bonne volonté, de la résolution et une bonne conduite, on ne peut manquer de réussir.

Il offrit d'abord ses services à quelques planteurs havanais pour être employé en qualité d'intendant, de surveillant ou quelque chose d'analogue; mais on le trouva trop jeune, et ces fonctions d'ailleurs étaient plutôt le fait des hommes de couleur que d'un blanc. Il chercha à entrer chez des négociants; mais il n'avait pas assez l'habitude du commerce, et n'entendait rien à la tenue des livres : il fut encore refusé.

Enfin un jour il apprit qu'un navire en relâche dans le port cherchait à recruter des marins pour compléter son équipage. Il se présenta, et fut accepté.,

C'était un navire baleinier de Baltimore, qui allait à la pêche dans les mers du Sud et dans l'océan Pacifique. Je ne vous raconterai pas ce qu'il eut à souffrir dans ce rude métier, qu'il

exerça près de quatre ans ; ce récit m'entraînerait
trop loin.

Après une dernière campagne, son navire
ayant été désarmé à Baltimore et vendu à un
autre armateur, M. Tournel voulut se reposer
pendant quelque temps, et essayer si, avec ce
qu'il avait gagné dans ses expéditions (deux
mille quatre cents piastres, environ douze mille
francs), il ne pourrait pas entreprendre quelque
chose de moins agité et de moins aventureux que
sa vie de marin.

Pendant ses dernières relâches à Baltimore, il
avait fait connaissance avec une famille française
établie autrefois dans l'Acadie, et qui, lorsque
cette province fut cédée à l'Angleterre, avait été,
comme tous les habitants d'origine française de
ce pays, transportée dans les colonies anglaises
de l'Amérique du Nord. Cette famille, après un
séjour de plus de trente ans à Baltimore, avait
conservé les mœurs et la langue de la mère
patrie. La similitude de situation avait rapproché
d'elle M. Tournel ; il s'était lié d'abord intime-
ment avec le fils aîné, qui était embarqué sur le
même navire lors de sa première expédition. Au
retour, il avait épousé sa sœur, puis il avait repris
la mer et continué ses courses, jusqu'à ce qu'il
eût amassé de quoi former un petit établissement

de commerce. Sa femme était rangée, économe,
intelligente et active. Elle ne lui avait apporté
qu'une dot bien minime en argent; mais ses
qualités valaient à elles seules plus qu'une dot
opulente accompagnée du goût de la dépense, du
luxe, de la paresse, défauts trop ordinaires aux
femmes créoles.

Avec leurs petits capitaux réunis, M. Tournel
monta une boutique de quincaillerie. Il se garda
bien de se lancer dans des spéculations hasar-
deuses; il marcha lentement, mais à coup sûr,
et quand j'arrivai à Baltimore, il était parvenu à
une modeste aisance.

J'ai dit que j'avais été reçu dans cette famille
comme un ami, comme un frère. En effet, quand
M. Tournel me présenta à sa femme et à sa belle-
mère qui habitait avec eux depuis la mort de son
mari, ces dames me firent un accueil si franc, si
cordial que je me trouvai tout de suite à mon
aise. Les enfants eux-mêmes me sourirent d'un
air gracieux, les plus jeunes vinrent m'embrasser;
l'aînée, jeune fille de quatorze ans, me présenta
la main en rougissant, et William, garçon de douze
ans, prit ma main dans les siennes en me la se-
couant rudement, à la mode américaine. Il n'y
avait pas encore une heure que j'étais arrivé, que
deux petits garçons de huit à dix ans étaient

2*

montés sur mes genoux, et que William, assis fa-
millièrement à mes côtés, regardait curieusement
ma croix d'honneur (car je la portais maintenant
sans crainte), et m'adressait une foule de questions. « Tu as donc connu l'empereur Napoléon?
Est-ce lui qui t'a donné cette croix? — Oui, mon
ami. — T'es-tu souvent trouvé à des batailles? —
Fort souvent. — Oh! tu nous raconteras cela. —
Bien volontiers. »

Cette familiarité naïve m'amusait beaucoup.
Mme Tournel voulait faire retirer les enfants, de
peur que leur importunité ne me fatiguât; mais
je m'y opposai, non par politesse, mais très sérieusement. En effet, moi qui n'avais jamais goûté le
bonheur intime de la famille, qui me rappelais
à peine les caresses de ma mère, on ne saurait
s'imaginer combien j'étais touché de ces marques
d'affection toute fraternelle, qui me faisaient en
quelque sorte retrouver une famille à deux mille
lieues de mon pays.

Les jours suivants ne démentirent pas ce début,
et vous verrez par la suite de ce récit que le temps
n'a fait que resserrer mon union avec cette famille.
Cependant, le surlendemain de mon arrivée, nous
faillîmes avoir une querelle, M. Tournel et moi;
voici à quelle occasion.

On m'avait donné la plus jolie chambre de la

maison. Un domestique était à mes ordres, et m'apportait le matin du thé, du café ou du chocolat. A onze heures on me servait un déjeuner confortable, puis un *lunch* vers les quatre heures; puis, le soir, je me réunissais au repas de famille, et c'était seulement alors que je pouvais causer avec M. et Mme Tournel; car les affaires de leur commerce les retenaient la plus grande partie de la journée dans leur magasin de quincaillerie, qui était séparé de la maison d'habitation et en était éloigné de quelques centaines de mètres.

Dans ma pensée, une hospitalité si généreuse ne devait pas se prolonger au delà de quelques jours, ou plutôt ma délicatesse ne devait pas le permettre. Il me restait encore une vingtaine de mille francs; j'avais donc de quoi subvenir à mes dépenses pendant quelque temps, et jusqu'à ce que j'eusse trouvé à me caser.

Un soir, après le dîner de famille, je m'expliquai à cet égard avec M. Tournel, en le priant de fixer lui-même le prix de ma pension, par mois ou par semaine, s'il voulait bien continuer à m'héberger sous son toit.

Dès les premiers mots, il avait fait un léger mouvement de surprise; ses regards s'étaient fixés sur moi comme s'il n'eût pas compris d'abord ma pensée; puis, quand il n'y eut plus moyen d'en

douter, une légère teinte de rougeur colora un
instant ses joues, d'habitude si pâles; il resta
quelques moments sans répondre, puis, d'un ton
grave et ferme, il me dit : « Si vous me connaissiez
mieux, je serais tenté de regarder comme une
injure la proposition que vous venez de me faire.
Sachez, Monsieur, que dès mon enfance j'ai appris
dans la maison paternelle comment doit s'exercer
l'hospitalité, et que si je possédais encore la fortune que nous avions alors, ma maison eût été
ouverte non seulement à vous, mais à tous vos
compagnons d'exil, et je n'aurais pas souffert que
d'autres que moi les recueillissent. Maintenant,
si je ne puis exercer aussi facilement qu'autrefois
un devoir d'autant plus sacré qu'il s'agit de venir
en aide à des compatriotes chassés de leur pays
par les malheurs des temps, voudriez-vous me
priver du plaisir de remplir ce devoir au moins
dans la mesure restreinte de mes forces? »

Le ton pénétré avec lequel il prononça ces
paroles n'admettait pas de réplique. Je compris
qu'insister plus longtemps ne ferait que le mor-
tifier. Je cherchai donc à m'excuser en disant
que je n'avais pas douté un instant de la noblesse
de ses sentiments; que si je me fusse trouvé dans
le dénuement, je n'aurais pas hésité à accepter sa
généreuse hospitalité, en lui faisant connaître ma

position; mais qu'ayant encore quelques ressources, j'aurais cru abuser d'un désintéressement
qui aurait pu profiter à quelques-uns de mes camarades plus malheureux que moi.

« Et ces ressources, reprit-il en souriant, se
montent, m'avez-vous dit, à vingt mille francs,
je crois, c'est-à-dire à quatre mille dollars, comme
nous comptons ici.

— Oui, Monsieur.

— Mais savez-vous, mon ami, que quatre
mille dollars aux États-Unis ne valent pas quatre
mille francs en France, et que, sans faire de dépenses exagérées, vous les mangeriez facilement
dans un an? Croyez-moi, gardez votre argent
pour vous en servir quand cela sera nécessaire,
ou plutôt placez-le à la banque de notre État de
Maryland; vous le retirerez à volonté, soit par
sommes partielles, soit en totalité, selon vos besoins.

— Je vous remercie de tout cœur, répondis-je,
et de vos offres généreuses et de vos bons conseils;
j'accepte franchement comme vous me les offrez,
et avec reconnaissance, les unes et les autres;
mais enfin je ne puis pas toujours rester oisif, je
serais encore plus à charge à moi-même qu'aux
autres; et, puisque vous voulez bien me guider,

tâchez de m'indiquer une occupation régulière
qui m'offre un moyen de gagner honorablement
ma vie.

— Et qui vous parle de rester oisif? L'oisiveté
aux États-Unis est plus méprisée que partout
ailleurs, ou, pour mieux dire, elle est inconnue.
Depuis les plus hautes classes de la société jusqu'à
ceux qui en occupent les derniers rangs, tout le
monde travaille. Seulement il s'agit de vous
trouver une occupation qui puisse vous convenir;
mais, avant tout, il faut que vous sachiez bien
parler et écrire l'anglais : sans cela, toute espèce
de carrière vous est fermée dans ce pays. Vous
avez déjà commencé à étudier cette langue pendant votre traversée, vous pouvez facilement
vous perfectionner ici dans cette étude. Vous
prendrez, si cela vous convient, des leçons du
maître qui vient chaque jour enseigner à mes
enfants les principes de cette langue, et en cau-
sant avec nous, car nous vous parlerons désormais en anglais, vous apprendrez facilement
la pratique. Une fois que vous serez en état de
vous exprimer avec assez de facilité, je vous pré-
senterai dans un club où vous serez parfaitement
accueilli, et où vous achèverez de vous perfectionner. »

Je remerciai de nouveau mon généreux hôte,

en ajoutant que je me conformerais entièrement à ses avis.

« Très bien, reprit-il; mais j'attends aussi de vous un service, et voici de quoi il s'agit : en même temps que nous vous apprendrons l'anglais, je désire que vous donniez chaque jour, pendant une heure, une leçon de français à mes enfants. Ils n'ont jamais appris cette langue par principes, et vous avez déjà pu remarquer qu'ils ont un accent très vicieux et se servent de locutions surannées; cela tient à ce que leur mère et leur grand'mère surtout, appartenant à une de ces familles normandes établies autrefois dans le Canada et l'Acadie, ont conservé, avec l'accent normand très prononcé, des expressions et des tours de phrases qui remontent au temps de Louis XIII et même d'Henri IV. »

J'acceptai avec joie cette proposition, qui me fournissait un moyen de m'acquitter, dans une bien minime proportion, il est vrai, de tout ce que mon hôte faisait pour moi; mais enfin cette marque de confiance me faisait supposer qu'on ne me regardait pas comme un être complètement inutile, et cette pensée me relevait à mes propres yeux.

Je me mis à la besogne dès le lendemain, et mes progrès furent rapides. Je n'en dirai peut-être pas autant de ceux de mes élèves, quoique le père, soit par indulgence, soit qu'il ne fût pas en pareille matière un juge très compétent, trouvât que ses enfants aussi faisaient des progrès sensibles.

Grâce à ces occupations variées, le temps s'écoulait avec une prodigieuse rapidité. Le dimanche, les leçons, comme les affaires, cessaient tout à fait. J'accompagnais la famille Tournel à la messe et aux offices de la cathédrale, car Baltimore a été de tout temps la ville la plus catholique des États-Unis; c'était même alors la seule qui possédât un évêché [1].

Mon éducation religieuse avait été passablement négligée, et pendant ma vie de soldat il ne m'était peut-être jamais arrivé de réfléchir sur l'importance de la religion. J'avais souvent entendu mes camarades s'en moquer, dire que c'était une invention des prêtres, et j'avais trouvé plus commode de répéter leurs sarcasmes et leurs paradoxes que de chercher si ces propos étaient fondés. Jamais je ne mettais le pied dans une église, à moins que mon service ne m'y obligeât; quand j'allai pour la première fois à la cathédrale de Baltimore, je le fis un peu par curiosité, et sur-

---

[1] Baltimore est aujourd'hui le siège d'un archevêché.

tout pour être agréable à la famille Tournel, à qui je m'aperçus que cela ferait plaisir.

Je suivis d'un air assez distrait les cérémonies religieuses; mais quand le prédicateur monta en chaire, j'écoutai attentivement son sermon, non pas, je l'avoue, pour me pénétrer des vérités qu'il allait annoncer, mais pour chercher à le comprendre (car il prêchait en anglais), et m'assurer ainsi par moi-même des progrès que j'avais faits dans cette langue. Cette épreuve me réussit à merveille; car, à l'exception de quelques passages dont le sens m'échappa, je saisis l'ensemble de son discours, et je fus en état d'en faire l'analyse quand nous fûmes entrés à la maison. Chacun m'en fit compliment. Mme Tournel surtout était enchantée; car la digne femme attribuait à un sentiment de piété l'attention que j'avais apportée au sermon, et, comme elle avait cru jusque-là remarquer en moi une grande indifférence religieuse, elle était heureuse de s'être trompée.

Ce succès m'encouragea. Je renouvelai l'expérience les dimanches suivants; en peu de temps je parvins à comprendre parfaitement l'orateur chrétien, et à traduire en français ou à répéter en anglais la plus grande partie de ses discours.

Cet exercice eut un résultat bien plus important que celui que je m'étais proposé. En même temps qu'il me familiarisa avec la langue anglaise, il me fit connaître une partie des dogmes et de la morale du christianisme, et s'il ne me détermina pas sur-le-champ à me convertir, il jeta du moins dans mon esprit et dans mon cœur une semence qui devait y germer plus tard, et produire des fruits quand le temps marqué par la Providence serait arrivé. Mais je devais, avant cette époque, passer encore par de cruelles épreuves.

CHAPITRE III

J'avais passé près de six mois à Baltimore, et ce temps avait été pour moi, sans contredit, un des plus heureux de ma vie. Ceux de mes compagnons qui étaient arrivés comme moi, quoique moins bien partagés, n'avaient pas eu non plus trop à se plaindre du sort. Mais il n'en était pas de même des autres réfugiés, débarqués en beaucoup plus grand nombre à New-York, à Boston, à Philadelphie, et dans d'autres villes des États du Nord. Là se trouvaient réunis les plus fiers

noms de la vieille garde impériale, tels que le
maréchal Grouchy, les généraux Clauzel, Van-
damme, Lefebvre-Desnouettes, Rigault, les frères
Lallemand, Bernard, le colonel Galabert, et un
grand nombre d'autres officiers supérieurs non
moins recommandables par leurs services militaires que par la noblesse de leur caractère.

Mais ces derniers, en majeure partie inhabiles
à exercer avec fruit les professions civiles, se
consumaient en vains efforts et en regrets super-
flus, les uns pour se créer une existence hono-
rable, les autres pour ressaisir une patrie qui les
avait en quelque sorte répudiés. Les officiers inférieurs se trouvaient encore dans une position
plus malheureuse. Tous alors demandèrent au
gouvernement américain des terres à défricher,
des marais à assainir, du travail quel qu'il fût.
La législature des États-Unis leur accorda cent
mille acres de terre sur la Mobile et le Tombeckbee, avec l'autorisation d'y fonder une colonie. Chaque militaire devait recevoir un espace de
terrain proportionné à son grade.

Mais il fallait des avances pour le premier établissement de la colonie, et la plupart de nos
compatriotes, lorsqu'ils étaient arrivés sur ces
rives étrangères, manquaient des objets nécessaires aux premiers besoins de la vie. Après quel-

ques mois de séjour à New-York, à Philadelphie, à Boston, ils se trouvèrent, par suite de leur dénuement absolu, avoir contracté envers leurs hôtes des obligations pécunières d'autant plus onéreuses, qu'ils n'avaient pour le moment aucun moyen d'y satisfaire. Ils n'avaient pas, comme on le voit, trouvé dans ces villes, les plus opulentes de l'Union, un accueil aussi désintéressé que celui qui nous avait été fait à Baltimore. Mais voici un fait qui achèvera de peindre le caractère essentiellement mercantile et spéculateur de la race yankee. Tout chez eux est une occasion d'affaire, et ils calculent ce que pourra leur rapporter même une bonne action.

En voyant la détresse de nos compatriotes, des capitalistes leur proposèrent d'acquitter leurs dettes, de leur faire même quelques légères avances, à condition que les réfugiés leur transféreraient tous leurs droits sur les portions de terre concédées par le Congrès. Les Français n'avaient pas le choix; la nécessité leur fit une loi d'accepter ces propositions, et le marché fut conclu. Qu'en résulta-t-il? c'est que les sept huitièmes des habitants ou des propriétaires de la colonie furent tout à coup Américains, tandis que dans le principe ils devaient être exclusivement Français. Cette circonstance dénatura tout

à fait le plan d'établissement. Les généraux et
officiers supérieurs, qui avaient réalisé des fonds
destinés à l'agriculture, se trouvèrent ainsi isolés
au milieu d'une population dont le langage, les
mœurs, les usages n'avaient aucun rapport avec
les leurs. Ils avaient voulu se voir entourés de
leurs compatriotes exilés comme eux, afin de
retrouver en quelque sorte une image de la patrie
absente; mais, par le fait, cette illusion même
était détruite.

Ce fut alors que les généraux Lallemand,
accompagnés de quelques officiers intelligents,
allèrent reconnaître les provinces voisines pour
y chercher un emplacement convenable à un
nouvel établissement comme ils l'avaient entendu
dès le principe. Le Texas, dans le golfe du
Mexique, parut offrir tous les avantages qu'ils
désiraient pour fonder une autre colonie. Le sol
y est fertile, le climat beau, tempéré et salubre. On fit des essais qui réussirent parfaitement, et l'on forma dès lors le projet d'aller s'y
établir.

La possession du Texas était alors un sujet de
débat entre la cour d'Espagne et le congrès des
États-Unis. Les droits de l'Espagne paraissant
mieux établis que ceux des Américains, les généraux Lallemand adressèrent au cabinet de Ma-

drid, par l'entremise de son ambassadeur à
Washington, une note dans laquelle ils annon-
çaient :

« Que leur intention, ainsi que celle des autres
Français réfugiés en Amérique, était d'aller s'établir dans la province du Texas;

« Que, puisque des proclamations officielles
invitaient les colons de toutes les classes et de tous
les pays à se fixer dans les provinces de l'Amérique espagnole, Sa Majesté catholique verrait
sans doute avec plaisir la formation d'une colonie
dans un pays désert qui n'attendait que des habitants industrieux pour devenir un des plus beaux
et des plus fertiles de la terre;

« Que les membres composant cette colonie
étaient tous disposés à reconnaître le gouvernement espagnol et à lui faire hommage, à supporter
toutes les charges, à lui payer des impôts propor-
tionnés aux revenus; mais qu'ils sollicitaient la
faculté de se régir par leurs propres lois, de ne
point obéir à un gouverneur espagnol, de créer
eux-mêmes leur système militaire;

« Que, si la cour d'Espagne acquiesçait à leurs
demandes, elle pourrait compter sur leurs services
et leur fidélité;

« Que, dans le cas contraire, ils profiteraient
du droit que la nature accorde à tout homme de

fertiliser des solitudes incultes, et dont personne
n'est autorisé à lui disputer la possession ;

« Que leurs prétentions à cet égard étaient bien
autrement fondées que celles des Espagnols au
temps de la conquête, puisque ceux-ci n'étaient
venus alors que pour s'emparer par la force
d'un pays libre, tandis qu'eux (les Français) ne
venaient que pour cultiver et féconder des déserts;

« Qu'enfin ils étaient déterminés, quelque
chose qui arrivât, à se fixer dans la contrée du
Texas. »

Les généraux Lallemand ne reçurent aucune
réponse à cette note, et ils s'y étaient probablement attendus, d'après le ton hautain et me-
naçant avec lequel ils l'avaient rédigée. D'ailleurs comment supposer que l'Espagne aurait
accueilli facilement à l'extrême frontière du
Mexique, qui depuis longtemps déjà travaillait
à se séparer de la mère patrie, une colonie française, toute militaire, composée d'anciens soldats
de Napoléon, et par conséquent très disposés,
selon toute probabilité, à se joindre aux insurgés
de ce pays?

Les frères Lallemand, malgré le silence du cabinet de Madrid, n'en poursuivirent pas moins
avec activité la réalisation de leur projet. Ils s'as-

surèrent d'abord le consentement du congrès des États-Unis, qui approuva l'aliénation des terrains concédés sur les bords de la Mobile, la translation de la colonie française au Texas, et son installation sur le terrain contesté, faisait même au besoin cession de ses droits sur ce territoire aux réfugiés français.

Forts de cette déclaration, les généraux Lallemand firent un appel à.tous les Français dispersés sur le territoire de l'Union, et les convoquèrent à Philadelphie pour leur communiquer leurs intentions, leurs espérances et les moyens de les réaliser.

Je ne manquai pas, comme on le pense bien, de me rendre à cet appel, avec tous mes compagnons de voyage qui se trouvaient encore à Baltimore; car plusieurs étaient depuis quelque temps partis pour la Nouvelle-Orléans. M. Tournel, et quelques autres anciens réfugiés de Saint-Domingue, voulurent nous accompagner; car l'appel fait par 'es généraux Lallemand s'adressait à eux comme à nous.

Quand M. Tournel me manifesta l'intention de se rendre à cette invitation, je ne pus m'empêcher de lui en témoigner ma surprise. « Comment! lui dis-je, vous qui avez un établissement tout formé à Baltimore, est-ce que par hasard vous seriez

3

disposé à l'abandonner pour venir cultiver la terre
au Texas?

— Et pourquoi pas? » me répondit-il en riant ;
puis, reprenant aussitôt le ton grave qui lui était
habituel, il ajouta : « Je veux au moins connaître
dans tous ses détails le projet de MM. Lallemand
et leurs moyens d'exécution; cela n'engage en
rien. Si ce projet me paraît bien conçu, et qu'il
offre des chances à peu près certaines de succès,
je vous avoue que je suis tout disposé à m'y associer, mais sans pour cela abandonner ma maison
de Baltimore, je la laisserai sous la direction
de mon beau-frère, mon associé, tandis que
moi, j'irai recommencer au Texas la vie de
planteur, dans laquelle je suis né, et pour laquelle j'ai toujours eu un goût prononcé. Les circonstances seules m'ont forcé à me faire marchand, comme elles m'avaient forcé autrefois
d'être marin; mais je ne suis pas plus fait pour
monter sur le pont d'un navire que pour rester
derrière le comptoir d'une boutique; ce qu'il me
faut, c'est la vie en plein air, c'est de diriger des
travailleurs au milieu des champs couverts de cotonniers ou de cannes à sucre, de courir à cheval
d'un atelier à l'autre, de surveiller mes récoltes,
puis de les vendre à quelque armateur du Havre
ou de Liverpool.

« Ce sont là des rêves que je fais depuis longtemps, et que j'aurais réalisés déjà si j'avais eu le
moyen d'acheter une plantation à la Louisiane;
car je tenais aussi à me trouver dans un pays où
l'on parlât français. Ainsi je n'aurais pas voulu
m'établir dans la Virginie, ni dans la Caroline, ni
dans une province uniquement peuplée d'Anglo-
Américains.

« Voilà pourquoi le projet d'un établissement
au Texas me sourit; le pays est au moins aussi
fertile, et à coup sûr beaucoup plus sain que la
Louisiane; je l'ai visité deux fois pendant mes
expéditions maritimes; j'ai remonté deux de ses
rivières, le Colorado et la Trinité; j'ai pu reconnaître la beauté de cette contrée, l'étonnante
fertilité du sol, toute cette variété de sites et
de productions qui en font un véritable paradis
terrestre. Mais, en même temps que mes yeux
jouissaient de la beauté de ce spectacle, que je
respirais à pleins poumons cet air suave et par-
fumé, mon cœur se serrait en pensant que ce pays
n'était qu'un désert abandonné en grande partie
à des animaux sauvages et à une race d'hommes
plus sauvages encore que les animaux. Si aujour-
d'hui ce désert se peuple de Français disposés à
tirer parti de ses richesses, je serai heureux de
me joindre à eux, de travailler avec eux, et en

entendant autour de moi parler ma langue maternelle, en voyant y cultiver les mêmes productions
à peu près qu'à Saint-Domingue, je me croirai
revenu aux jours de ma jeunesse et au pays qui
m'a vu naître.

— Je suis enchanté, lui répondis-je, de votre
résolution, et je souhaite de tout mon cœur qu'elle
se réalise. Malgré le plaisir que je me promet-
tais en me retrouvant avec mes anciens compagnons d'armes, je ne voyais pas sans un vif
sentiment de regret approcher l'instant de notre
séparation; aussi je ne saurais vous exprimer
combien je serais heureux de vous voir prendre
part à cette grande entreprise, à cette fondation
d'une nouvelle France, qui réunira dans une
même famille tous les enfants exilés de la mère
patrie.

— Il ne faut pas, reprit M. Tournel, se faire
d'illusions; ce projet me sourit comme à vous;
mais, pour le réaliser, il demande une persévérance et un ensemble de vues qui se rencontrent
rarement dans une grande réunion d'hommes.
Aussi, comme je vous l'ai dit, je ne veux pas me
décider légèrement, et je ne prendrai un parti
que quand je serai humainement certain de sa
réussite. »

Nous partîmes pour Philadelphie. Le général

Lallemand (Dominique), le plus jeune des deux
frères de ce nom, nous accueillit gracieusement
à notre arrivée. Il venait d'épouser une des nièces
et héritières de Stephen Girard, à cette époque
le plus riche négociant des États-Unis. M. Girard
était, comme M. Tournel, un ancien colon français de Saint-Domingue, forcé comme lui de
quitter cette île après la révolte des noirs.

M. Tournel ne connaissait M. Girard que de
réputation. Il savait qu'il joignait à une grande
prudence des affaires une grande sagacité et une
égale probité. Il voulait le consulter sur l'entreprise formée par son neveu, et il ne doutait pas
qu'en sa qualité de compatriote il ne lui fît
connaître son opinion sur cette affaire. Mais
M. Girard était en ce moment à New-York,
d'où il ne devait revenir qu'au bout d'un
mois.

Cependant les Français convoqués arrivaient
de tous côtés; bientôt nous nous trouvâmes réunis au nombre de quatre à cinq cents. Dans plusieurs conférences successives, le général nous
exposa ses plans; il se chargeait lui-même des
frais de transport des émigrants à leur destination. Le comte de Survilliers (le roi Joseph Bonaparte, frère aîné de Napoléon), qui se trouvait alors à Philadelphie, approuvait le projet

de colonisation au Texas, et voulait contribuer
pour une partie aux frais de l'entreprise.

La parole animée, convaincue, du général,
entraîna tous les officiers subalternes; mais parmi
les officiers généraux, le général Rigault seul
adhéra à l'entreprise; les autres la jugèrent im-
praticable, folle même, ou tout au moins dange-
reuse et intempestive.

Pour moi, loin d'entrer dans les idées des généraux, j'étais enthousiasmé. Je m'inscrivis sur-
le-champ pour le premier départ, et mon seul
chagrin était qu'il ne pût pas s'effectuer dès le
lendemain. M. Tournel, avec sa parole grave et
froide, essaya de me faire envisager les choses
avec plus de calme. « Sans partager l'opinion de
ceux de vos généraux qui regardent l'entreprise
comme une folie, je crois qu'il ne faut pas agir
avec précipitation; autrement on s'exposera à
bien des mécomptes. Le général Rigault, qui
s'associa à l'entreprise, suffirait pour m'en garantir le succès, parce qu'il est lui-même ancien
colon de Saint-Domingue, et par conséquent plus
compétent pour juger une pareille question, et
plus capable de la résoudre. Aussi j'aurais désiré
que ce fût lui qui partît le premier avec un certain
nombre de familles d'anciens colons, qui auraient
choisi les terrains convenables à l'établissement,

et auraient ouvert la voie à ceux qui, moins
expérimentés, pourraient facilement commettre
des erreurs aux débuts d'une exploitation étrangère à leurs habitudes, plus militaires qu'agricoles.

— Je serais parfaitement de votre avis, répondis-je, si nous nous trouvions dans une position
qui nous permît de procéder avec cette méthode
lente et régulière, le plus sûr élément de succès,
sans contredit, dans une entreprise de cette nature. Mais comment voulez-vous que la plupart
de nous puissent attendre? Je ne parle pas de
moi, qui, grâce à vous, possède encore quelques
ressources; mais le plus grand nombre de mes
camarades sont dans le dénuement le plus absolu,
ou languissent dans une oisiveté qui, après l'hu-
miliation de recevoir des secours étrangers, est
le tourment le plus insupportable de l'âme. Ils
n'ont donc d'autres ressources que de partir pour
une destination qui changera leur sort, ou tout
au moins témoignera, si elle ne l'améliore pas,
des nobles efforts qu'ils auront faits pour sortir de
la situation pénible où ils se trouvent.

— Vous avez raison, me dit M. Tournel après
quelques instants de réflexion, et je reconnais
que si je me trouvais dans la position du plus
grand nombre de vos camarades, je ferais moi-

même comme eux; mais vous, qui, comme vous
le remarquiez tout à l'heure, n'êtes pas dépourvu
de ressources, vous qui, pourrais-je ajouter,
comptez dans ce pays des amis, pourquoi tant
hâter votre départ? Vous êtes donc bien pressé
de nous quitter?

— Oh! Monsieur, m'écriai-je, pouvez-vous le
penser? J'ai trouvé chez vous plus qu'un toit
hospitalier; j'y ai trouvé une famille; car je vous
regarde comme mon père, votre femme me rap-
pelle ma mère, vos enfants sont mes frères, et
tant que je vivrai votre souvenir à tous restera à
jamais gravé dans mon cœur. Mais mon séjour au
milieu de vous ne pouvait se prolonger indéfini-
ment; en retardant encore mon départ, je ne
ferais que rendre la séparation plus pénible. D'ailleurs j'ai pris un engagement avec mes anciens
camarades, qui tous font partie du premier convoi, et je ne saurais leur manquer de parole. Enfin,
j'espère que nous nous reverrons là-bas, et que
vous n'abandonnerez pas un projet qui d'abord
avait tant paru vous sourire.

— Non certes, je ne l'abandonne pas, et c'est
pour cela que j'aurais désiré que vous attendissiez
mon départ; mais puisque vous vous êtes engagé
avec vos anciens amis, vous ne pouvez retirer
votre parole, et ce n'est pas moi qui vous donne-

rai jamais le conseil d'y manquer. Après tout, réflexion faite, il faut mieux peut-être que les choses
se passent ainsi; vous autres militaires, vous
marcherez en avant, vous serez nos éclaireurs, et
quand vous aurez assuré la possession du terrain,
nous autres travailleurs, nous arriverons pour le
mettre en culture. »

Pendant que l'on faisait à Philadelphie les préparatifs du départ, je revins avec M. Tournel à
Baltimore faire de mon côté mes dispositions et
prendre congé de mes hôtes. Je voulais retirer
mes fonds de la banque, et les emporter en entier
avec moi; mais, d'après le conseil de M. Tournel,
je ne pris que cinq cents dollars, pour payer
ma part des frais d'équipement et d'armement
du navire, et je laissai le reste en dépôt à la
banque. « Vous avez assez de cette somme
pour le moment, me dit ce cher ami; vous re-
trouverez le reste plus tard, quand vous en aurez
besoin, et vous reconnaîtrez alors la justesse du
proverbe : Il faut toujours garder une poire pour
la soif. »

Ce n'est pas sans une vive émotion que je me
séparai de cette excellente famille, et sans nous
être promis de nous revoir le plus tôt qu'il nous
serait possible.

3*

CHAPITRE IV

Le général Lallemand avait affrété un navire. On le chargea de vivres pour quatre à cinq cents hommes. Six pièces de canon, six cents fusils, quatre cents sabres, douze milliers de poudre formèrent la cargaison, qui fut achetée des deniers de ceux d'entre nous qui avaient des fonds, et d'une somme d'argent donnée par Joseph Bonaparte. Indépendamment de cela, le frère de Na-

poléon fit remettre aux officiers les plus nécessi-
teux, quelques jours avant le départ, d'autres
sommes, pour que ces infortunés pussent payer
les dettes qu'ils avaient contractées pendant leur
séjour à Philadelphie. L'ex-roi d'Espagne se
montra ainsi soucieux de l'honneur du nom
français, en voulant que le caractère des exilés
restât exempt de toute tache et de toute récri-
mination.

Notre navire était une goélette américaine,
nommée *la Chasseresse;* son chargement, comme
on l'a vu, paraissait plutôt destiné à une expédition guerrière qu'à la fondation d'une colonie
toute pacifique. Nous quittâmes Philadelphie le
17 décembre 1817, et, le 15 janvier 1818,
nous jetions l'ancre dans la rade de Galveston,
lieu fixé pour le rendez-vous général. Nous débarquâmes dans l'île nos provisions de bouche
et de guerre, et nous nous y établîmes pro-
visoirement, en attendant l'arrivée du général
Lallemand l'aîné, qui se trouvait à la Nouvelle-
Orléans, où il achetait des instruments aratoires,
des grains, des plantes et des provisions de toute
espèce.

L'île de Galveston, où s'élève aujourd'hui une
ville importante, siège de l'évêché du Texas,
était alors un désert aride et sablonneux, dé-

pourvu de toutes ressources. Nous construisîmes
des baraques avec des roseaux et des débris
de naufrage épars sur le rivage; on creusa un
large fossé autour de cette espèce de camp,
afin de se garantir des attaques des sauvages
du continent, et se prémunir en même temps
contre les dispositions, encore ignorées, des corsaires qui occupaient une partie de l'île de Galveston, où ils avaient l'habitude d'amener,
pour le partager, le butin qu'ils capturaient en
mer

Ces corsaires avaient pour chef un nommé
Laffite, marin français, qui pendant les guerres
de l'empire s'était signalé par de nombreuses
prises qu'il avait faites sur les Anglais. Depuis
que la paix avait été rétablie en Europe, il était
allé offrir ses services aux colonies espagnoles
insurgées contre leur métropole, et sous leur
pavillon il pillait, au nom de la liberté, tous les
navires espagnols qui tombaient sous sa main.
Du reste, ces flibustiers, car on peut bien leur
donner ce nom, appartenant à toutes les nations,
semblaient vouloir faire revivre les traditions des
anciens boucaniers, se livrant à tous les excès
de la plus crapuleuse débauche et de la plus
révoltante immoralité. Leur chef, doué d'une
force musculaire extraordinaire et d'une indomp-

table énergie, avait pu seul réduire à l'obéissance ces natures farouches et indisciplinées. Grâce à lui, les exilés n'eurent avec les corsaires que des rapports de bon voisinage; on se quitta même avec des témoignages de sympathie politique réciproque, et aux cris de : *Vive la liberté !*

Enfin, le 20 mars 1818 (cette date est remarquable), le général Lallemand, venant de la Nouvelle-Orléans avec une centaine de nouveaux émigrés, parut devant Galveston. Il retrouva ses compagnons d'armes, quoique déjà éprouvés par de rudes souffrances, impatients et plus résolus que jamais à persévérer dans leur entreprise.

Le 24 mars, nous nous embarquâmes tous sur dix grandes chaloupes achetées au corsaire Laffite, pour aller prendre possession de notre établissement définitif. L'une d'elles, entraînée en pleine mer par un courant rapide, fut submergée, et, des six hommes qui la dirigeaient, un seul, M. Chenet, ancien lieutenant d'infanterie de la vieille garde, échappa au naufrage. Tristes présages des malheurs qui attendaient notre périlleuse tentative.

Nous remontâmes la rivière de la Trinité, guidés par des Indiens avec qui nous avions déjà noué des relations amicales, grâce à quelques bouteilles de tafia, des couteaux et quelques pièces d'étoffe. Ces Indiens, qui détestent les Espagnols, ont conservé un bon souvenir des Français, à cause du voisinage de la Louisiane, et ils paraissaient disposés à s'allier à nous.

Après une assez longue navigation, nous descendîmes enfin dans une vaste plaine inhabitée, de plusieurs lieues d'étendue, formant un demi-cercle couronné de toutes parts par des bois, et dont la rivière de la Trinité faisait la corde. Un sol riche, des plantes et des fleurs à foison, une rivière large comme la Seine, mais infestée de caïmans, un ciel d'une grande pureté et une température aussi douce que celle de Naples, tel était l'emplacement qui avait été choisi pour nous établir, et auquel nous donnâmes le nom de *Champ d'Asile*.

Les commencements de l'installation furent pénibles. La colonie eut à se fortifier contre l'invasion des bêtes féroces et des reptiles, les serpents à sonnette surtout, qui pullulent dans ces contrées; pour surcroît d'embarras et de souffrances, les chaloupes qui devaient transporter les vivres de l'île de Galveston au Champ d'Asile éprouvèrent un retard considérable, qui nous fit ressentir pendant plus de huit jours tous les tourments de la disette.

Enfin les chaloupes arrivèrent; les sauvages Chactas, Cachalis et autres, virent en grand nombre, et avec des démonstrations bienveillantes, visiter les colons. Il faut peu de chose au Français pour lui rendre sa bonne humeur. La joie, l'espérance, la gaieté reparurent. La confiance renaissait; on commença à s'organiser. Trois cohortes, infanterie, cavalerie, artillerie, furent formées, afin de donner à l'établissement la forme militaire, qu'on supposait seule capable de le maintenir et de le faire exister. Des fortifications furent élevées, afin de protéger le camp contre les attaques des Espagnols et des Indiens. Elles se composaient de deux fortins appelés, l'un le *fort Napoléon*, et l'autre le *fort Lallemand*, entourés tous deux d'un fossé de deux mètres de profondeur, et réunis entre eux par un chemin couvert qui enveloppait de toutes parts le terrain sur lequel nous étions campés.

Tout en nous occupant de ces travaux d'installation, nous nous réunissions souvent en conseil auprès des généraux Lallemand et Rigault, pour entendre les divers projets de règlement, qui ne devaient être mis en vigueur qu'après avoir été discutés et soumis à notre approbation.

Une des premières mesures qui nous fut pro-
posée, ce fut la publication d'un manifeste, dans
lequel nous exprimions nos sentiments pacifiques,
et le désir que nous avions d'établir des relations
amicales avec les peuples voisins. Cette proclamation, traduite en anglais et en espagnol, fut
envoyée aux États-Unis et en Europe, où elle
parut dans un grand nombre de journaux de
l'époque.

En voici les principaux passages :

« Champ d'Asile, 11 mai 1818.

« Réunis par une série de calamités semblables qui nous avaient éloignés de nos foyers,
et *dispersés* subitement dans diverses contrées,
nous avons résolu de chercher un asile où nous
puissions être à même de nous rappeler nos infortunes, afin d'en tirer des leçons utiles. Une
vaste contrée se présente devant nous, mais une
contrée abandonnée des hommes civilisés, où
l'on ne voit que quelques points occupés ou par-
courus par des tribus indiennes, qui, se conten-
tant de la chasse, laissent en friche un territoire
aussi fertile qu'étendu. Dans l'adversité qui relève
notre courage loin de l'abattre, nous exerçons
le premier droit accordé à l'homme par l'auteur
de la nature, en nous établissant sur cette terre,

afin de la fertiliser par nos travaux et d'en tirer
les productions qu'elle ne refuse jamais à la persévérance.

« Nous n'attaquons personne; nous n'avons
point d'intentions hostiles. Nous demandons la
paix et l'amitié à tous ceux qui nous entourent,
et nous serons reconnaissants de la bienveillance
qu'on nous témoignera. Nous respecterons la religion, les lois, les coutumes et usages des nations civilisées ; nous respecterons l'indépendance,
les usages et la manière de vivre des nations indiennes, que nous ne gênerons ni dans leur
chasse, ni dans aucun exercice de leur vie. Nous
entretiendrons avec tous ceux à qui cela pourra
convenir des relations sociales et de bon voisinage, ainsi que des rapports commerciaux. Notre
conduite sera paisible, active et laborieuse ; nous
serons utiles autant que nous pourrons, et nous
rendrons le bien pour le bien. Mais s'il était possible que notre position ne fût pas respectée, et
que la persécution nous atteignît dans les déserts
où nous avons cherché une retraite, nous demandons à tous les hommes raisonnables quelle défense pourrait être plus légitime que la nôtre. Ce
sera celle du plus entier dévouement. Notre résolution est prise d'avance. Nous avons des armes :
le soin de notre conservation nous a engagés à

nous en pourvoir, comme les hommes dans notre
position ont toujours fait. La terre sur laquelle
nous sommes établis nous verra réussir ou mourir. Ici nous voulons vivre d'une manière hono-
rable et libre, et y trouver notre tombeau, et les
hommes justes accorderont un tribut d'estime à
notre mémoire. Mais nous sommes fondés à attendre un plus heureux résultat, et notre premier
soin doit être de mériter l'approbation générale,
en traçant les principes qui seront la garantie de
notre conduite.

« Nous nommerons la place où notre colonie
est établie le CHAMP D'ASILE. Ce nom, en nous rappelant nos adversités, nous rappellera aussi la
nécessité de fixer nos destinées, d'établir de nouveaux dieux pénates, en un mot, de créer une
nouvelle patrie. La colonie, essentiellement agricole et commerciale, sera militaire pour sa conservation : elle sera divisée en cohortes; chaque
cohorte aura un chef qui sera tenu d'avoir un
registre des personnes qui la composent. Un registre général, composé des registres réunis de
toutes les cohortes, sera tenu par la direction de la
colonie; les cohortes seront réunies sur le même
emplacement, afin d'être mieux protégées contre
les insultes, et de vivre chacune tranquille sous
la protection de tous. Un code sera rédigé sur-le-

champ pour garantir la sûreté des propriétés et
des personnes, pour prévenir et réprimer l'injus-
tice, pour assurer la paix des hommes et déjouer
les projets des méchants. »

Cette proclamation eut un grand retentissement
en Europe et surtout en France. Elle excita les
transports du parti libéral et les sarcasmes du
parti opposé. *La Minerve,* journal-revue bi-
mensuel de l'époque, ouvrit, à grands renforts
de réclames, au profit des réfugiés du Champ
d'Asile, une souscription qui produisit près de
cent mille francs[1], dont pas un centime ne nous
est parvenu.

Tandis qu'en France l'esprit de parti s'agitait
soit en notre faveur, soit contre nous; tandis que
Béranger, le poète populaire, faisait retentir les
ateliers de ce refrain si connu :

> Nobles débris du champ d'honneur,
> Fertilisez le Champ d'Asile,

[1] La souscription, close le 1er juillet 1819, s'élevait à 95,018 fr.
16 cent. A cette somme il faut ajouter les bénéfices d'une notice sur
le Champ d'Asile, publiée par M. Lhéritier (de l'Ain), à la librairie
de Ladvocat, au profit des réfugiés, brochure qui a eu en peu de
temps deux éditions. Avant la clôture de la souscription, le Champ
d'Asile n'existait déjà plus depuis longtemps, et ceux qui en avaient
fait partie étaient dispersés de tous côtés. Que devinrent les fonds
produits par la souscription? C'est une question qui n'a jamais été
parfaitement éclaircie, et nous renvoyons sur cet objet nos lecteurs
au *Dictionnaire de la conversation*, 1re édit., t. XII, page 424, au
mot Champ d'Asile.

que faisions-nous au milieu des plaines du Texas?
Hélas! nous étions loin de nous occuper à les fertiliser : nous épuisions nos forces à creuser des
fossés et des retranchements, et ce travail impro-
ductif fut notre seule occupation pendant les
quatre à cinq mois que dura notre séjour au
Texas; mais, manquant d'hommes spéciaux pour
la culture des terres, manquant surtout de bras
pour opérer sur une grande échelle, nous n'en-
treprîmes absolument rien pour fonder ce qui con-
stitue une colonie proprement dite. Nous avions
bien été rejoints par un certain nombre de réfugiés de Saint-Domingue; mais les uns, soit par
incapacité, soit pour toute autre cause, languis-
saient depuis longtemps à Charleston ou à Mobile, dans le dénuement le plus absolu, et ils ne
s'étaient réunis à nous que dans l'espoir de trouver dans la nouvelle colonie un soulagement à
leur détresse; ainsi, loin de pouvoir nous être
utiles, c'est nous qui étions obligés de venir à
leur secours. D'autres, il est vrai, étaient employés par de riches Américains à la direction des
plantations et des sucreries, soit à la Louisiane,
soit à la Caroline. Ceux de ces derniers qui avaient
répondu à notre appel étaient bien capables de
diriger les opérations de défrichement et de culture; mais il fallait des bras pour exécuter ces

travaux, et, comme je l'ai dit, les bras manquaient. La plupart de ces hommes, après avoir vu l'état des choses, jugeant l'impossibilité du succès de notre entreprise, nous quittèrent pour retourner reprendre leurs emplois, qu'ils avaient abandonnés pour se réunir à nous.

Je m'étais lié avec un de ces hommes, qui avait connu M. Tournel à Saint-Domingue. Il se nommait Collin, et gérait depuis plus de dix ans la plantation d'un riche Louisianais, Français d'origine, établi sur les bords du Mississipi, à quarante kilomètres de la Nouvelle-Orléans. Son patron, qui prenait lui-même un vif intérêt au sort des réfugiés, non seulement avait permis à Collin de venir nous retrouver, mais, dans le cas où celui-ci aurait reconnu la possibilité d'établir une ou plusieurs plantations, ce même patron s'était engagé à fournir les ateliers, c'est-à-dire les noirs, les bêtes de somme et les instruments nécessaires à l'exploitation, moyennant un intérêt raisonnable qu'il aurait eu dans l'entreprise.

Collin, après un examen approfondi des localités et de notre situation, me dit un jour : « Je ne crois pas qu'il existe sous le soleil un sol plus riche et plus fertile que celui-ci, et ce serait vraiment chose déplorable que de le voir abandonner

par l'ineptie, la paresse ou l'inexpérience de ceux
qui s'y sont établis. Pour moi, je suis convaincu
qu'il y a quelque chose à faire, et je ne veux pas
abandonner l'entreprise comme le font déjà quelques-uns de ceux qui sont venus avec moi et qui
désespèrent du succès. Je vais retourner vers mon
patron, et, si je puis trouver un associé intelli-
gent et capable, je reviendrai avec les moyens de
fonder un établissement sérieux. Si vous voulez
vous joindre à nous, nous ne serons pas trop de
trois pour diriger une exploitation telle que je me
propose de la fonder. » Je lui répondis que je ne
demandais pas mieux, et en même temps je lui
parlai de M. Tournel comme de l'homme qui
pourrait s'associer à ses projets.

Il entra parfaitement dans ces idées, disant que
M. Tournel était un homme prudent et parfaitement convenable pour une pareille association. Il
annonça même l'intention de se rendre directement à Baltimore pour s'aboucher avec lui avant
de retourner chez son ancien patron.

Je l'encourageai dans cette résolution, et lui
donnai une lettre pour M. Tournel, dans laquelle
je l'engageais vivement à entrer dans les vues de
M. Collin, et à réaliser l'espérance qu'il m'avait
fait concevoir, en nous quittant, de notre réunion
prochaine. « Jusqu'ici, lui disais-je, notre établis-

sement est tout militaire et n'a rien d'agricole;
mais il est en état de protéger les travailleurs qui
viendront se fixer près de nous. Cette sécurité
que nous leur offrons est sans contredit un des
premiers éléments de succès d'une exploitation ru-
rale, industrielle et commerciale. Votre exemple,
ajoutai-je, en entraînera d'autres, et votre expérience nous guidera nous-mêmes dans un genre
de travaux que notre éducation et nos habitudes
nous ont jusqu'ici rendus étrangers. » Je termi-
nais en le priant de retirer de la banque du
Maryland les fonds que j'y avais laissés, pour les
employer comme mise de fonds dans notre future
association.

M. Collin partit dans les premiers jours de juin,
en promettant de me donner le plus tôt possible
de ses nouvelles.

Après son départ, je sentis un grand vide se
faire autour de moi. L'ennui commençait à nous
gagner; car rien n'était plus monotone que notre
vie dans le camp. A peine, de temps en temps,
permettait-on la chasse, quoique le gibier fût
extrêmement abondant, et encore on ne pouvait
la faire qu'en grand nombre et sans perdre de vue
le camp, dans la crainte des Comanches et des
Pawnies, qui n'auraient pas manqué d'assaillir
et de massacrer les hommes isolés.

Le camp était gardé avec la sévérité et les précautions observées dans les expéditions de l'empire. Les chefs de bataillon n'étaient qu'officiers,
les capitaines étaient devenus lieutenants ou
sous-lieutenants; ceux-ci n'étaient plus que sous-
officiers, et les maréchaux des logis chefs, ser-
gents-majors et autres sous-officiers, simples soldats : ce qui, pour le dire en passant, parut fort
désagréable à la plupart d'entre nous.

Pour tuer le temps, qu'on ne pouvait employer
autrement, faute de direction et de connaissances
spéciales, on se remit, après les corvées pour la
fortification du camp, à la théorie, aux manœuvres
et à l'exercice. Du reste, tout le monde mangeait
à la gamelle et bivouaquait comme en campagne, à
l'exception des généraux, des officiers supérieurs
et des femmes, pour lesquels on avait construit
des huttes vastes et assez commodes. Pour écarter
les bêtes féroces, on entretenait la nuit un grand
feu autour duquel les conteurs se tenaient habituellement. Les émigrés appelaient les alentours
de ce feu le *Palais-Royal*, et ceux qui y péroraient
les colibris. L'esprit français est toujours le même
partout et en toutes circonstances. Parfois le général Lallemand venait aussi au Palais-Royal raconter ses souvenirs intimes, et jetait à tous les
braves qui s'étaient confiés à son étoile quelques

lambeau de ses dernières conversations avec l'empereur.

Souvent, sous l'influence des paroles chaleureuses du général, les auditeurs se livraient aux rêves les plus bizarres, aux projets les plus fantastiques. L'idée de coloniser le Texas était alors à mille lieues de leurs pensées. Ils ne songeaient qu'à se ranger sous les drapeaux de l'insurrection mexicaine, à aider ce pays à secouer le joug de l'Espagne; et, quand ils auraient réussi, ils obtiendraient facilement du Mexique un navire fin voilier, à l'aide duquel ils iraient arracher Napoléon du rocher de Sainte-Hélène et le transporteraient au Mexique, dont ils le feraient proclamer empereur; et alors..., oh! alors, l'imagination vagabondait à perte de vue, et je ne me charge pas de vous raconter toutes les chimères qu'elle enfantait.

Cependant ces distractions ne suffisaient pas à nous arracher aux préoccupations fâcheuses auxquelles nous commencions à être en proie. Le général Lallemand s'avisa, pour nous amuser, de nous donner une fête de sa façon. Il venait de faire un traité d'alliance avec les peuplades sauvages, les Chactas, les Comanches, et d'autres dont j'ai oublié les noms. Ces peuples dont quelques-uns s'étaient d'abord montrés hostiles, voyant nos

4

intentions pacifiques, s'étaient peu à peu rappro-
chés du camp, et ils nous fournissaient, moyennant quelques bouteilles d'eau-de-vie ou des
objets de peu de valeur, des fruits et du gibier.
La ratification du traité se fit avec une certaine
solennité. Nous prîmes les armes pour recevoir
les députations des chefs, qui ce jour-là s'étaient
parés de leurs plus brillants costumes. A la couverture de laine qu'ils portent continuellement
sur leurs épaules, ils avaient ajouté le casque
garni de grandes plumes, la ceinture de coquil-
lages, le collier et les plaques en laiton, les an-
neaux suspendus au cou, au nez et aux oreilles,
et une espèce de bracelets, d'où pendaient un
certain nombre de chevelures, dégoûtants tro-
phées de leurs exploits guerriers. Ajoutons à cela
le tatouage aux couleurs voyantes et aux figures
bizarres dont leur visage, leurs bras et leur poitrine étaient barbouillés, et l'on se fera quelque
idée de l'accoutrement de ces sauvages.

Une ample distribution de tafia accompagna la
cérémonie, et, après plusieurs libations, les têtes
s'échauffèrent; la gravité qu'ils avaient conservée
jusque-là dans leur maintien disparut; ils nous
firent à tous les plus chaleureuses protestations
d'amitié, et enfin, dans l'élan de leur reconnaissance, ils proclamèrent grand chef le général Lai-

lamand. Celui-ci accepta ce titre sans difficulté, et il reçut aussitôt l'investiture de sa nouvelle dignité avec tout le sérieux désirable. Cette cérémonie, passablement grotesque, coûta à la colonie force tafia, que les Indiens venaient absorber chaque jour pour rendre hommage à leurs nouveaux alliés.

Quelques jours après nous eûmes un autre divertissement qui nous intéressa plus que la farce indienne. A l'occasion de la fête de Mlle Rigault, la fille du général, nous donnâmes un bal auquel nous invitâmes les principaux habitants de San-Antonio de Bejar, petite ville peu éloignée, et autrefois chef-lieu de la province. Tout le monde, hommes et femmes, se rendit à notre invitation. La réunion formait le mélange le plus bizarre de blancs, de métis et même d'Indiens; cet assemblage disparate était, selon moi, une image passablement burlesque de l'égalité. Tous nos invités ne parlaient que la langue espagnole; mais comme la plupart d'entre nous avaient servi dans la Péninsule, nous étions familiers avec cette langue, et nous pouvions facilement lier conversation avec nos hôtes.

Ce bal fut suivi de deux ou trois autres, non moins nombreux. Ces réunions n'avaient pas seulement le plaisir pour objet, elles avaient aussi un but politique. Les Texiens de Bejar, de Bahio ou Goliad, et de quelques autres localités voisines, supportaient avec impatience le joug espagnol, que déjà deux fois ils avaient essayé de secouer. Vaincus dans la lutte, ils avaient vu leur pays dépeuplé et livré à la discrétion des garnisons espagnoles concentrées à Nacogdoches et sur d'autres points. En nous voyant nous fixer au milieu d'eux, les Texiens pensèrent qu'ils trouveraient en nous d'utiles auxiliaires, et ils profitèrent avec empressement de l'occasion qui s'offrait de se rapprocher de nous pour sonder nos intentions, et s'assurer s'ils pouvaient compter sur nous. Mais ces rapprochements déplurent aux autorités espagnoles, qui défendirent aux colons texiens, sous les peines les plus sévères, d'entretenir avec nous aucune relation.

CHAPITRE V

Nous voilà donc de nouveau livrés à nous-mêmes, sans distraction aucune, sans nouvelles ni de nos amis d'Europe ni des États-Unis. Pour surcroît d'infortune, un grand nombre d'entre nous tombèrent malades, soit de nostalgie, soit par suite des travaux excessifs auxquels nous nous étions livrés sous un climat brûlant.

Nous tournions tristement nos regards du côté par où nous attendions l'arrivée de nouveaux

compagnons qui auraient relevé notre courage,
et auraient enfin entrepris sérieusement le défrichement et l'exploitation du sol. Mais, comme
sœur Anne, du conte de Perrault, nous ne voyions
rien venir.

Enfin, après un grand mois d'isolement, arriva
une chaloupe du corsaire Lafitte, qui nous apportait des provisions de différente nature, une vo-
lumineuse collection de journaux d'Europe et
d'Amérique, et notre correspondance.

Il y avait pour moi une lettre de M. Tournel,
en réponse à celle que Collin lui avait remise de
ma part. Je n'ai pas besoin de dire avec quelle
avidité je la lus; je croyais y trouver enfin l'an-
nonce de la prompte réalisation de nos projets, et
je n'y rencontrai qu'un cruel désappointement;
qu'on en juge par les passages suivants, que je
n'ai jamais oubliés :

« M. Collin s'est acquitté de votre commission
et m'a longuement entretenu des projets que vous
aviez formés ensemble d'une association dont
j'aurais fait partie, pour former un établissement
agricole au Texas. Cette idée n'avait pas cessé de
me sourire, et j'étais heureux de la voir adoptée
par un homme pratique comme M. Collin. J'étais
donc entré facilement dans ses vues, et déjà je

songeais aux dispositions préliminaires indispen-
sables, quand une nouvelle inattendue vint arrêter
tous nos préparatifs. Un article inséré dans les
journaux américains annonçait qu'un traité définitif de délimitation des frontières en leurs possessions respectives venait d'être conclu entre les
gouvernements d'Espagne et des États-Unis. Par
ce traité, la rivière de la Sabine formera désormais la limite entre l'État de la Louisiane et la
province du Texas, le gouvernement américain
renonçant à toute prétention sur ce territoire.

« Ainsi, le pays actuellement occupé par le
Champ d'Asile est reconnu exclusivement la propriété de l'Espagne, et cet établissement est livré à la merci du gouvernement espagnol, sans
qu'aucune clause particulière du traité stipule
la moindre concession en faveur des réfugiés. Il
n'est pas même question d'eux, et cet acte diplo-
matique garde à leur égard un silence absolu,
comme s'ils n'existaient pas. Ce sont eux, cependant, j'en ai la conviction, qui ont été la cause de
ces négociations entre les deux gouvernements,
et s'il n'est pas fait mention de vous dans ce traité
d'une manière ostensible, je sais de source certaine que des articles secrets ont été arrêtés pour
régler votre sort.

« On sait que votre établissement, loin de s'accroître par de nouvelles émigrations, tend, au contraire, à s'affaiblir de jour en jour, et par conséquent ne peut offrir une résistance sérieuse. L'Espagne enverra contre vous des forces suffisantes pour vous expulser; en même temps le gouvernement américain vous signifiera qu'étant placés hors de son territoire, il ne peut rien faire pour vous protéger; mais que si vous voulez rentrer dans les limites des États, il est prêt à vous donner, comme il l'a déjà fait, des terres à défricher, dans l'intérieur, et loin des frontières des colonies espagnoles.

« En un mot, mon cher ami, votre établissement du Champ d'Asile est condamné à mort, et il n'y a ni sursis ni grâce à espérer.

« Mais, me direz-vous, comment le gouvernement des États-Unis peut-il se déshonorer au point de sacrifier à Ferdinand VII des exilés auxquels il a promis aide et protection?

« En diplomatie, vous devez le savoir, mon cher ami, les affaires ne se règlent point par les sentiments, mais par les intérêts, et sous ce rapport la politique de notre jeune république américaine ne le cède en rien à la politique des cabinets monarchiques de l'ancien monde.

« Et d'ailleurs vos chefs ne sont-ils pas un peu la cause de ce qui arrive aujourd'hui? Ils

avaient trouvé un emplacement admirable pour
une colonie ; il fallait s'y établir sans bruit, modestement, et de manière à ne pas éveiller l'attention et surtout les craintes du gouvernement
espagnol. Au lieu de cela, ils s'adressent à lui
dans une note menaçante ; malgré le silence si-
gnificatif du cabinet de Madrid, ils exécutent leur
entreprise, et, à peine arrivés à leur destination,
ils lancent un manifeste où à travers des intentions
pacifiques percent aussi des intentions hostiles.
Pour tenir un pareil langage, il faut être en mesure de le soutenir, autrement ce n'est qu'une
fanfaronnade ridicule.

« Alors a eu lieu ce à quoi tout homme raisonnable devait s'attendre. Le retentissement du manifeste en Europe, la formation d'une colonie toute
militaire sur les frontières d'un pays toujours en
insurrection contre l'Espagne, ont ému le gouvernement de Ferdinand VII. Il n'a vu dans votre
établissement du Champ d'Asile qu'un embarras
de plus à ajouter à ceux que lui donne déjà sa
colonie, et il s'est empressé d'aviser aux moyens
de faire disparaître cet embarras.

« Le territoire où vous vous étiez fixés était
contesté entre l'Espagne et les États-Unis. Depuis
longtemps des négociations étaient pendantes à ce
sujet. L'Espagne s'est hâtée de les terminer ; elle

4*

a obtenu, soit par des concessions sur d'autres
points, soit par des avantages commerciaux que
je ne connais point (car ceci rentre dans la partie secrète du traité), que les États-Unis renon-
çassent à leurs droits, du reste fort équivoques,
sur cette partie du Texas, et que la frontière des
deux États fût désormais fixée à la rivière de la
Sabine.

« Si par hasard vous veniez à vous plaindre
de cet arrangement comme d'une violation du
droit d'asile de la part du gouvernement américain, celui-ci pourrait vous répondre : « En
« quoi avons-nous violé ce droit ? Nous vous
« avons offert, et nous vous offrons encore de
« vous recevoir et de vous protéger, mais dans
« les limites de nos États et non pas au delà de
« nos frontières. Ce n'est pas nous qui vous avons
« engagés à aller vous établir au Texas, et votre
« titre de réfugiés politiques, quelque sacré qu'il
« soit, ne vous donne pas le droit de nous brouil-
« ler avec nos voisins et avec une puissance al-
« liée. »

« Enfin, mon ami, voilà où en sont les choses ;
il n'y a plus d'illusions à se faire, et quand vous
recevrez cette lettre le dénouement approchera.
Prévenez vos chefs, si toutefois ils ne le sont
pas déjà, afin qu'ils prennent les mesures néces-

saires dans une pareille conjoncture, et surtout
qu'ils se gardent d'une résistance inutile, et dont
la responsabilité pèserait sur eux.

« Quant à vous, mon ami, revenez le plus tôt
possible auprès de nous; nous aviserons à vous
caser quelque part; l'épreuve que vous venez de
subir ne fait qu'exciter davantage l'intérêt de vos
amis en votre faveur. Vous êtes souvent le sujet
de nos entretiens entre nous et M. Collin, qui
est encore ici, et qui ne peut retourner à la
Louisiane que dans quelques jours. Quand il me
parle du Texas et de tout ce qu'il a admiré dans
ce beau pays, j'éprouve un regret profond de
voir tous nos projets avortés, ou tout au moins
ajournés. Oui, je dis ajournés; car, malgré ce
qui arrive aujourd'hui, je ne désespère pas de
les voir un jour se réaliser. Seulement, pour les
mener à bonne fin, nous nous y prendrons d'une
autre manière que ne l'ont fait les fondateurs du
Champ d'Asile.

« P.-S. Je n'ai pas jugé à propos, vu les circonstances, de retirer vos fonds de la banque. Je
vous envoie de mes deniers deux cents dollars
pour vous aider à faire votre voyage; nous régle-
rons à votre retour à Baltimore. »

Les journaux qui accompagnaient cette lettre

confirmaient la triste nouvelle qu'elle m'annonçait. Déjà elle était répandue dans le camp, car plusieurs de mes camarades l'avaient apprise par leur correspondance particulière, et même, à ce qu'il paraît, nos chefs en avaient été informés depuis plusieurs jours; mais ils avaient gardé le silence, attendant pour en parler qu'elle fût confirmée d'une manière plus positive. Maintenant, comme le disait M. Tournel, le dénouement ne pouvait pas se faire attendre. En effet, dans la même journée, des habitants de Bejar et des Indiens nos alliés vinrent nous annoncer qu'un corps d'armée espagnol était en marche pour venir nous attaquer. Ce corps était composé de douze cents hommes d'infanterie, de trois cents chevaux et de quelques pièces de canon.

Le corps ennemi s'avançait rapidement.

Notre colonie ne comptait pas alors deux cents hommes en état de porter les armes. Tout le reste était en proie aux maladies les plus graves. Nonobstant l'infériorité de la force numérique, on se prépara à repousser l'ennemi, à combattre, ou à *mourir à la française*, selon l'expression du général Lallemand. Mais le général espagnol, soit que ses instructions exigeassent qu'il ne prît pas l'initiative de l'attaque, soit qu'elles se bornassent à lui prescrire de former une espèce de cordon

sanitaire, se campa lui-même à trois journées
du camp français, en laissant aux maladies et au
découragement de tous le soin de détruire un
établissement qui n'avait rien de sérieux ni de
raisonnable. Cette tactique était infaillible, et le
général espagnol n'attendit pas longtemps le résultat.

Ne voyant plus rien venir ni d'Europe ni des
États-Unis, ne pouvant combattre un ennemi qui
ne paraissait pas disposé à nous attaquer, et
que nous étions dans l'impuissance absolue d'aller attaquer nous-mêmes, nous nous décidâmes
enfin à la retraite. Elle se fit en bon ordre et
sans être inquiétée par les Espagnols ni par les
Indiens, qui virent partir avec indifférence leur
grand chef, le général Lallemand. Les embar-
cations que nous possédions suffirent pour nous
transporter des rives de la Trinité dans l'île de
Galveston, où nous nous établîmes une seconde
fois.

Mais cette petite île, ou plutôt ce banc de
sable aride était loin de nous offrir un climat
aussi salubre que les bords du Rio-Trinitad. A
peine étions-nous installés que les maladies insé-
parables de ces climats brûlants, le scorbut, la
dysenterie, les fièvres adynamiques vinrent nous
assaillir, et prirent en peu de temps un horrible

caractère de gravité. Tout le monde semblait
livré au désespoir. Dans ces tristes conjonc-
tures, le général Lallemand, sur l'invitation du
grand conseil, composé de vingt-quatre membres,
dut partir pour la Nouvelle-Orléans afin de solli-
citer des secours et acheter des vivres. Il partit
le lendemain avec ses deux aides de camp. Le
plus grand nombre d'entre nous aurait bien
désiré l'accompagner; mais il n'y avait place
que pour quelques passagers, et il fallut se
résoudre à attendre encore. Seulement le général voulut bien se charger de nos dépêches,
et je profitai de cette occasion pour écrire à
M. Tournel.

Quelques jours après le départ du général, un
terrible événement vint mettre le comble à la
misère générale. Nous étions au temps de l'équi-
noxe d'automne, époque féconde en tempêtes
dans le golfe du Mexique. Le 28 septembre il en
éclata une affreuse, qui souleva les eaux avec
une telle violence, que notre île fut entièrement
submergée, et que l'endroit où nous étions campés fut en un instant couvert de deux à trois
mètres d'eau. A mesure que l'eau envahissait le
rivage, nous nous étions retirés dans la partie la
plus élevée de l'île, où deux grandes cabanes
avaient été solidement construites. Là, pendant

trois jours et trois nuits nous luttâmes contre l'élément furieux avec une persévérance inouïe. La situation était si périlleuse, que nous ne dûmes notre salut qu'en repoussant avec des gaffes et de longues perches les troncs d'arbres et les débris du naufrage que la mer lançait sur l'île à la suite de ce cataclysme. Enfin la tempête se calma, la mer rentra dans son lit, et nous cessâmes de craindre d'être entraînés dans les flots; mais les faibles ressources qui nous restaient avaient été anéanties sans retour, nos vivres et notre poudre avaient disparu dans les flots.

Le corsaire Lafitte vint généreusement à notre secours; mais les adoucissements qu'il nous procura ne pouvaient nous mener bien loin. Le malheur et l'ennui avaient jeté dans les âmes des ferments d'irritation inexprimable, au point que, si cet état de choses eût duré plus longtemps, nous aurions fini peut-être par nous battre entre nous. Enfin, après une agonie de deux mois, nous reçûmes des nouvelles du général Lallemand. Tout espoir de fonder un établissement au Texas ou dans les environs, comme il nous en avait encore flattés depuis notre départ du Champ d'Asile, était évanoui; le congrès, pour nous dédommager, nous offrait de nouvelles terres sur les bords

du Tombeckbee, dans le pays d'Alabama; en con-
séquence, le général Lallemand nous engageait à
quitter incontinent l'île de Galveston et à le rejoindre à la Nouvelle-Orléans.

Abandonner l'île de Galveston, c'était fort bien
dit, et pas un de nous n'eût été d'avis d'y rester
un jour de plus, mais, pour en sortir, il fallait
des moyens de transport, et c'était précisément
ce que le général avait oublié de nous envoyer.
Le corsaire Lafitte fut encore notre providence. Il
nous vendit un petit navire, mais si petit, que les
malades seuls purent y être embarqués; quant à
ceux qui étaient valides, il fut décidé qu'ils atten-
draient le retour du petit bâtiment, à moins qu'ils
ne préférassent se rendre par terre à la Louisiane,
auquel cas Lafitte s'offrait de les transporter sur
le continent, dont la côte n'était éloignée que de
quatre kilomètres.

Un grand nombre d'entre nous, et j'étais de
nombre, adopta cet avis. En effet, il eût fallu attendre encore un mois au moins, et peut-être plus,
le bâtiment qui nous aurait transportés à la Nouvelle-Orléans, et encore tout le monde n'aurait
pu y être embarqué. Il aurait donc fallu tirer au
sort à qui partiraient les premiers, et pour moi
je préférais mille fois les fatigues d'un voyage par
terre, que de courir la chance de rester dans cette

île funeste pendant peut-être deux à trois mois encore.

Nous étions environ une soixantaine qui avions formé cette résolution; mais comme Lafitte ne pouvait nous transporter tous à la fois, et que d'un autre côté une troupe aussi nombreuse aurait pu inspirer des inquiétudes aux autorités espagnoles, il fut convenu que nous partirions en deux bandes ou caravanes séparées par quelques jours de marche.

Je fis partie de la première expédition, qui se composait de vingt-cinq hommes. Grâce aux intelligences que Lafitte avait avec les Indiens de la côte, nous pûmes nous procurer des chevaux et des guides pour nous conduire à Nacogdoches, *presidio* ou poste militaire situé à peu de distance de notre ancien établissement du Champ d'Asile. Avant de vous parler de mon voyage, je dois vous dire en deux mots ce que devinrent ceux de nos compagnons qui s'étaient embarqués les premiers et ceux que nous avions laissés à l'île de Galveston.

Les uns, après une pénible traversée de quinze jours, arrivèrent dans la capitale de la Louisiane, où la fièvre jaune faisait alors de grands ravages. A peine débarqués, ces infortunés moururent presque tous frappés par le fléau.

Un mois après, les autres arrivaient aussi à la
Nouvelle-Orléans. Quelques-uns payèrent le tribut
au terrible *vomito negro*; d'autres trouvèrent l'occasion de s'embarquer sur des navires qui faisaient voile pour l'Europe, et revinrent en France;
enfin un petit nombre se rendit sur les bords du
Tombeckbee, dans la nouvelle colonie qui allait,
disait-on, s'y fonder.

Le mauvais succès de l'entreprise qu'il avait
formée au Texas avait dégoûté le général Lallemand de prendre part à celle-ci. Ce fut le général
Lefebvre-Desnouettes qui se chargea d'organiser
le nouvel établissement. On lui donna le nom
d'État ou plutôt de canton de Marengo. On traça
l'enceinte d'une ville destinée à être le chef-lieu
du canton; on l'appela *Aigleville*, et ses rues
furent désignées par les noms des principales
victoires auxquelles les réfugiés avaient pris part.
Mais cette ville n'exista guère que sur le papier.
La plupart des Français qui étaient venus se fixer
dans le canton de Marengo s'installèrent à Alabama ou dans les autres petites bourgades du
canton, et dès qu'il leur fut possible de rentrer en
France, ils se hâtèrent d'abandonner, même à vil
prix, les terres qui leur avaient été concédées;
le peu qui y était resté revint en France après la
révolution de juillet 1830. Depuis longtemps,

comme vous le voyez, le Champ d'Asile n'est plus qu'un souvenir à peine connu de la génération actuelle. Je reviens à mon voyage, qui devait être passablement aventureux.

CHAPITRE VI

Notre route jusqu'à Nacogdoches se fit sans aucun incident qui mérite la peine d'être cité. Nous avions choisi cette route parce que c'était celle qu'avaient suivie pour nous rejoindre deux de nos compagnons, anciens colons de Saint-Domingue, qui avaient quitté la Louisiane pour répondre à l'appel des fondateurs du Champ d'Asile. D'un autre côté nous avions besoin, pour le long voyage que nous allions entreprendre, d'une foule de choses que nous ne pouvions nous procurer qu'à Nacogdoches; enfin, notre intention étant de traverser le Texas de la manière la plus pacifique, nous désirions obtenir des autorités espagnoles un sauf-conduit pour que notre marche ne fût pas inquiétée jusqu'à la frontière.

Le commandant espagnol ne fit aucune difficulté de nous accorder ce que nous lui demandions; seulement il y mit pour condition que nous ne nous arrêterions que deux jours à Nacogdoches.

Ce temps fut à peine suffisant pour faire nos emplettes; car nous avions grand besoin de remonter notre toilette et d'acheter quelques chevaux ou mulets pour porter nos bagages. Nos Louisianais nous conseillèrent de prendre le costume du pays, afin de ne pas être trop remarqués avec nos uniformes ou plutôt avec nos restes d'uniformes français. D'ailleurs ce costume était beaucoup plus commode pour le voyage que la nôtre. Nous suivîmes cet avis, et chacun, selon sa bourse, acheta donc des vêtements semblables à ceux que portent les chasseurs ou les voyageurs mexicains. Comme il me restait encore une bonne partie des deux cents piastres que m'avait envoyées M. Tournel, je pus me munir d'un habillement complet à la mexicaine.

L'étrangeté de mon costume m'en a fait garder le souvenir. Il consistait en un vêtement de chasse en peau de daim apprêtée. Ce vêtement, qui se rapprochait pour la forme bien moins de l'habit

moderne que de la tunique des anciens, était
d'un jaune clair. Il était piqué avec soin, et orné
de quelques broderies. Le capuchon, car il y avait
une sorte de capuchon attaché à cette tunique,
était bordé d'une frange, ainsi que le devant de
la tunique : une paire de guêtres en drap écarlate,
appelées *sauveurs*, me montaient jusqu'aux cuisses.

Mes jambes étaient encore couvertes d'un solide
pantalon, et j'étais chaussé de grosses bottes à
éperons. Une chemise de couleur, une cravate
bleue et un large chapeau de Guayaquil complé-
taient cet habit de voyage. Derrière moi, sur le
troussequin de ma selle, était roulé en forme de
cylindre un manteau d'un rouge vif, destiné à
me servir, selon la nécessité, de lit, de tente ou
de pardessus. Une petite ouverture pratiquée au
milieu me permettait d'y passer la tête, en cas de
froid ou de pluie, et, de cette façon, de rester
couvert jusqu'aux pieds.

A peu de chose près, mes compagnons de voyage
étaient tous vêtus comme moi : peut-être quelques
uns avaient-ils des objets moins neufs, peut-être
leur couverture était-elle d'une autre couleur et
leur chemise d'une autre étoffe que la mienne;
mais à ces différences près, qui ne valent pas la
peine d'être mentionnées, la description que je
viens de faire s'appliquait à chacun de nous. Et

comme tous, ou à peu près tous, nous parlions assez bien espagnol, il eût été difficile de reconnaître en nous des militaires français.

Nous étions tous également armés et équipés à peu près de la même manière. Pour ma part, j'étais armé jusqu'aux dents. Je portais dans mes fontes une paire de pistolets de combat; j'avais à mon ceinturon une autre paire de pistolets de dimension moindre, de plus une longue carabine, et en outre, à mon ceinturon, un grand couteau appelé *machette*, qui me servait à la fois de couteau de chasse, de couteau de table, de couteau de cuisine, en un mot, de couteau pour tout faire; mon équipement consistait en une gibecière, une poire à poudre, une grande gourde et un havresac dans lequel je mettais ma ration de vivres. Chacun de mes compagnons, à quelques modifications près, était muni de ces divers objets.

Mais nous étions montés différemment, les uns sur des mules de selle, les autres sur des chevaux, de race espagnole, appelés *mustenos*; la plupart des chevaux étaient usés par l'âge et une longue fatigue; aussi n'avaient-ils pas coûté un grand prix. Le mien, que j'avais payé trente piastres, était jeune et vigoureux; il appartenait à cette race de chevaux sauvages si communs dans les

prairies d'Amérique... qui descendent des chevaux que les Espagnols ont introduits dans ce
pays à l'époque de la conquête. Le Texien qui
me l'avait vendu m'assura qu'il était très docile,
qu'il avait été pris et dompté très jeune, et que
maintenant un enfant pourrait le conduire avec
un fil de soie. J'avais besoin de toutes ces garan-
ties; car n'ayant jamais servi que dans l'infanterie, j'étais loin d'être un bon cavalier. Du reste,
j'avais pour le devenir une qualité essentielle :
c'était le sang-froid ; mais cela ne suffisait pas,
et j'appris plus tard à mes dépens qu'il eût fallu
y joindre quelques bons principes d'équitation.

Nous avions en outre cinq mulets de bât pour
porter nos bagages, plus le cheval qui m'avait
amené jusqu'à Nacogdoches, vieille rosse qui
n'était plus capable que de servir de bête de
somme. Ces six animaux formaient notre *atajo*
ou convoi de bagages, qui était conduit par deux
arrieros ou muletiers, Texiens métis que nous
avions loués à Nacogdoches pour cet usage, et
en même temps pour nous servir de guides.

Nous nous mîmes en route de grand matin, au
jour indiqué par le commandant espagnol. Nous
n'avions guère que trente-cinq à quarante myriamètres à faire en ligne droite pour atteindre les
premières habitations louisianaises ; mais cette di-

rection n'était pas praticable, à cause de l'impossibilité où nous nous serions trouvés de traverser plusieurs rivières profondes et encaissées dans des berges très élevées. Il fallut donc nous diriger d'abord vers le nord, comme si nous avions voulu nous rendre dans l'Arkansas; puis nous devions traverser la Sabine à une petite distance de sa source, où nos guides nous assuraient qu'elle était guéable, et alors nous aurions *mis le cap* au sud-est pour gagner la Louisiane.

Cette route nous allongeait le chemin de quinze à vingt myriamètres au moins, et de quatre à cinq jours de marche; mais nous en prîmes facilement notre parti, d'autant plus que nous avions à parcourir un pays magnifique, quoique désert, abondamment pourvu de gibier, et où nos chevaux trouveraient également une nourriture abondante. Ajoutez à cela que nous étions dans la saison la plus favorable pour voyager dans ces contrées. C'était le mois de janvier; le soleil, moins brûlant qu'en été, nous permettait de marcher toute la journée par une température douce et agréable; les nuits seules étaient fraîches; mais nous les passions enveloppés dans nos manteaux, auprès d'un bon feu de bivouac, sans nous apercevoir du froid. Quelquefois, le matin, au lever du soleil, les vents du nord et du nord-

5

ouest occasionnaient une petite gelée blanche,
que les rayons du soleil avaient bientôt dissipée.

Pour nous qui avions enduré tant de cruelles
privations dans l'île de Galveston, ce voyage à
travers les prairies du Texas était une véritable
partie de plaisir. N'étant pas pressés d'arriver,
nous marchions à petites journées, nous amusant
parfois à chasser jusqu'à notre halte de midi ;
alors nous allumions du feu pour faire cuire
quelques tranches de venaison, et nous réser-
vions le reste de notre gibier pour notre repas du
soir. Ce repas était parfois un véritable festin
de Balthazar ; il consistait en filets de chevreuil
ou d'antilope, en rôtis de perdrix, de bécasses
ou de canards sauvages, le tout arrosé de bonne
eau limpide et de quelques verres de rhum.
Nous n'avions ni pain, ni plats, ni cuillers ; mais
nous avions des *tortillas*[1], qui nous tenaient

[1] Les tortillas sont, en quelque sorte, le pain du peuple du Mexique. Quoique faites avec de la farine de maïs, elles diffèrent beaucoup des galettes du même blé qu'on fait en Europe et aux États-
Unis. On ne fait point moudre le maïs ; on se contente de le concasser
et de le faire bouillir dans un grand pot de terre jusqu'à ce qu'il
soit cuit à point. Alors on le place sur une grande pierre plate, et on
l'écrase avec un rouleau ; quand il est ainsi broyé, il forme une
pâte aussi blanche que la neige. Après cette première opération,
on la pétrit avec les mains, et on en fait des gâteaux de la largeur
d'une assiette, qu'on fait griller sur une pierre chaude ou mieux
sur une plaque de fer. L'usage de cet aliment est très répandu au
Mexique, principalement dans les classes pauvres. Les tortillas

lieu de tout cela. Enfin notre dessert se composait de raisins, de pommes et de noix. Ces repas, assaisonnés par un vif appétit et par les saillies de la gaîté française, nous semblaient délicieux.

A mesure que nous avancions vers le nord, le pays devenait plus boisé ; nous traversions quelquefois de grand bois de cotonniers, l'arbre le plus commun de la prairie [1]. Mais nous évitions de nous engager dans les grandes forêts vierges que nous apercevions à peu de distance, car elles n'offrent aucune route praticable, et il nous eût été facile de nous égarer. D'ailleurs elles servaient de retraite aux bêtes féroces, et n'étaient fréquentées que par des tribus d'*Indios bravos* [2], plus dangereux encore.

Le huitième jour après notre départ, nous étions arrivés dans le pays arrosé par la Sabine

servent à la fois de pain, d'assiette et de cuiller. C'est sur la tortilla que chacun a devant soi qu'on place les viandes ; souvent aussi on les porte à la bouche à l'aide d'autres petites tortillas faites en forme de cuillers.

[1] Il ne faut pas confondre l'arbre dont nous parlons ici avec l'arbuste qui produit le coton, et qui est cultivé avec soin par les planteurs américains. Le grand cotonnier, qu'on appelle aussi arbre à coton, a reçu ce nom parce qu'il produit, en effet, une substance qui a quelque analogie avec le coton, mais qui en diffère essentiellement.

[2] Les Mexicains donnent le nom d'*Indios bravos* au Indiens indépendants, par opposition aux Indiens soumis, qu'ils appellent *Indios mansos* (Indiens apprivoisés). On ne distinguerait pas d'une autre manière deux catégories d'une même race d'animaux.

supérieure, et nos guides étaient allés reconnaître
un gué pour passer cette rivière. Pendant ce
temps-là, nous avions fait halte non loin d'un
swamp¹ qui paraissait rempli de gibier. Quelques-
uns de mes compagnons avaient suivi nos guides
à la recherche du gué; d'autres étaient restés au
campement pour réparer les harnais de leurs chevaux, ou bien quelques parties de leurs vêtements.
Pour moi, je montai à cheval pour faire un tour
dans la prairie, sur la lisière du swamp, dans
l'espoir de trouver quelque pièce de gibier à
portée de ma carabine.

J'étais en marche depuis une demi-heure à
peine, quand j'aperçus un énorme animal tout
noir, sortant d'un groupe de saules, à quinze
cents mètres environ du point où je me trouvais;
cet animal fut bientôt suivi d'un second de même
taille et de même couleur, puis d'un troisième,
d'un quatrième, enfin jusqu'à dix. Je reconnus
bientôt que c'étaient des bisons ou buffles, qui

¹ On donne le nom de *swamp* à des espèces de taillis situés sur
les bords des rivières, et qui se composent d'une grande variété
d'arbres et d'arbustes toujours verts : l'alcea floridana, le laurier
rouge, le tupelo d'eau, l'alaterne, l'airelle ou myrtille, le smilan,
le cistus, le chèvrefeuille droit, diverses espèces d'aloès et d'eu-
phorbes, la sauge brillante, dont les feuilles sont cramoisies, le
dahlia, l'élégant sisyrinchium strié, l'héllanthus gigantesque, la
délicate mentzelia et le superbe magnolia, y étalent à l'envi leurs
couleurs, ou y exhalent leurs parfums.

pròbablement étaient venus boire à une source
sur les bords de laquelle s'élevaient les saules que
j'avais remarqués.

Jusqu'ici nous n'avions tué que des daims ou
des antilopes, et encore j'ai tort de dire nous;
car c'étaient mes camarades qui avaient eu cette
chance, et moi, je n'avais encore pu abattre que
quelque menu gibier à plume. Aussi comme j'aurais été fier de fournir pour ma part une pièce
ou deux de la taille des animaux que je voyais
devant moi! Je m'avançai avec précaution, en
me couchant sur le cou de mon cheval, pour ne
pas être aperçu avant d'être à bonne portée; les
hautes herbes et les broussailles me cachaient suffisamment, et je pus arriver d'autant plus facilement près des buffles, que je me trouvais au-
dessous du vent; car ces animaux ont l'odorat
très fin, et sentent l'approche du chasseur à une
grande distance.

A l'aide de ces précautions, j'atteignis un petit
bouquet de cotonniers derrière lequel je me tins à
l'affût. De là je voyais les bisons qui paissaient
tranquillement l'herbe touffue, sans se douter
du danger qui les menaçait. Je ne pouvais les
approcher davantage sans me mettre à décou-
vert, et alors ils auraient pris la fuite et gagné
la forêt avant qu'il me fût possible d'en attraper

un seul, je résolus donc d'attendre, dans l'espoir
que le hasard les ferait venir de mon côté; cette
attente dura près d'une heure. Enfin un des plus
gros de la troupe s'étant avancé, tout en brou-
tant, à portée de ma carabine, je fis feu. A l'instant toute la bande, même celui que j'avais ajusté,
s'enfuit dans la direction de la forêt. Croyant ne
l'avoir pas touché, je maudis ma maladresse, et,
tout en rechargeant ma carabine, je me promis
bien de ne pas me vanter de ma prouesse à mes
camarades.

J'étais sur le point de tourner bride pour regagner notre halte, quand, jetant un dernier coup
d'œil sur le petit troupeau qui était déjà bien
loin, j'aperçus le buffle que j'avais tiré ne suivant
ses compagnons qu'à une grande distance, et avec
une allure extrêmement gênée. « Il est blessé, »
m'écriai-je; et, rassemblant les rênes de mon cheval, je le lançai à la poursuite de mon gibier. Le
buffle, en se voyant poursuivi, sembla retrouver
des forces, et se mit à fuir presque aussi vite que
les autres. C'est égal, pensai-je, il sera bientôt
forcé de se ralentir, et je l'atteindrai sans peine.
En effet, après un quart d'heure de cette chasse,
je vis mon buffle s'abattre, et en même temps je
l'entendis pousser un long beuglement de douleur.

Sûr maintenant de ma victoire, je ralentis ma course pour faire respirer mon cheval, et je m'avançai au pas sur la piste, qui était d'autant plus facile à suivre qu'elle était marquée par une traînée de sang.

Je n'étais qu'à quelques pas du bison, je le voyais s'agiter dans les convulsions de l'agonie, et déjà je réfléchissais comment je pourrais transporter un tel gibier à notre bivouac, quand tout à coup plusieurs hennissements se firent entendre à ma gauche; mon cheval y répondit aussitôt, et avant que j'eusse eu le temps de me reconnaître, il s'était élancé au grand galop dans la direction où il avait entendu partir cet appel sympathique.

Je fis de vains efforts pour le retenir. Ce cheval, qu'*un enfant aurait conduit avec un fil de soie,* résista à tous les moyens que j'employai pour arrêter sa course effrénée. En un instant j'eus reconnu la cause de cet emportement extraordinaire. Une troupe de chevaux sauvages paissaient dans la prairie à quelque distance, et c'étaient eux qui avaient fait entendre ces hennissements à l'approche d'un de leurs anciens camarades. S'il eût été seul, sans harnais et sans cavalier, ils l'auraient probablement accueilli facilement comme un des leurs; mais en le voyant monté par un de ces chasseurs (mon costume pouvait bien le faire supposer) qui avaient l'habitude de les traquer et de les prendre au *laso*, toute la troupe s'enfuit ventre à terre. Mon cheval se mit aussitôt à les suivre du même train, toutes mes tentatives pour l'arrêter ou lui faire changer de direction ne semblaient servir qu'à accélérer sa course désordonnée. Le cou tendu, les naseaux enflammés, la bouche écumante, il ne courait plus, il volait sur les traces des autres chevaux, dont j'entendais le galop précipité comme celui d'une charge de cavalerie à fond de train.

Reconnaissant mon impuissance à le maîtriser, je finis par l'abandonner à sa fougue, espérant qu'enfin la fatigue le forcerait à s'arrêter, au du moins à ralentir sa course, et qu'alors je pourrais enfin m'en faire obéir. Mais cette espérance fut vaine; pendant un temps que je ne puis apprécier, sa course fut toujours aussi rapide, et je me voyais, nouveau Mazeppa, entraîné par mon cheval sauvage dans des régions inconnues.

Nous étions entrés dans une de ces vastes forêts qui couvraient alors une grande partie du Texas. La route où venait de passer la troupe de chevaux sauvages offrait un passage plus facile

qu'ailleurs, et mon cheval s'y lança naturelle-
ment; mais je fus obligé de me coucher sur son
cou pour éviter le choc des branches d'arbres qui
se croisaient sur nos têtes.

Pour surcroît d'embarras, la nuit approchait
rapidement, et sous ces latitudes, dès que le soleil
est couché, l'obscurité est bientôt complète. Comment faire pour regagner notre bivouac quand mon
cheval finirait par tomber de fatigue, ce qui ne
pouvait manquer d'arriver d'un instant à l'autre?
Je devais être à une distance énorme de notre
halte, à en juger par le chemin que mon cheval
avait dû parcourir, depuis au moins une heure
que durait son galop insensé. Comment retrouver
notre bivouac, à pied, la nuit? car il ne fallait pas
songer pouvoir me servir de mon cheval, dont je
sentais les flancs battre précipitamment, la res-
piration haletante, et qui allait probablement
tomber mort de fatigue avant quelques minutes. Je n'avais pas achevé ces réflexions, que
mon cheval s'abattit tout à coup, et que, lancé
moi-même à quelque distance, je reçus un choc
violent qui me fit perdre complètement connaissance.

CHAPITRE VII

J'ignore combien de temps je restai dans cet état; quand je revins à moi, il faisait tout à fait nuit. J'essayai de me lever; mais une vive douleur que je ressentis au pied droit me fit retomber à ma place. Je m'aperçus alors que j'avais encore le pied engagé dans l'étrier, et que mon cheval était étendu sans vie auprès de moi. Je ne cherchai pas à m'expliquer dans le moment comment mon pied avait pu rester engagé, tandis qu'il me semblait que j'avais été séparé entièrement de mon cheval. La douleur que j'éprouvais, jointe aux agitations de la fièvre et à une soif ardente, ne me permettait

pas de rassembler mes idées. Je portai machi-
nalement la main à mon côté, où se trouvait
une gourde pleine de rhum. J'en bus quelques
gorgées, qui me ranimèrent un instant; puis
bientôt j'éprouvai les vertiges de l'ivresse, et je
retombai dans une espèce de sommeil léthar-
gique, qui me fit perdre de nouveau le sentiment de ma douleur et de mon affreuse situation.

Quand je me réveillai, il était grand jour;
mais quelle fut ma surprise, en ouvrant les
yeux, de me voir entouré d'une demi-douzaine
de grands gaillards, à peau de cuivre rouge, à
la longue chevelure d'un noir de jais, et couverts, en guise de manteaux, les uns d'une
peau de buffle, les autres d'une grande couverture de laine rouge ou couleur de lie de vin!
Je reconnus aussitôt les Comanches, qui passent
aux yeux des colons espagnols pour les plus
féroces des Indiens du Texas. Nous verrons
dans la suite ce qu'il faut penser de cette appréciation.

En même temps que je reprenais mes sens,
je ressentis de nouveau, avec plus d'intensité,
une vive douleur, non seulement au pied, mais
dans presque toutes les parties du corps. Je
voulus essayer de me lever; mais je m'aperçus

que mes bras étaient fortement attachés par des
liens, et à peine si je pus parvenir à me tourner
un peu de côté. En voyant mes efforts, les Indiens
firent entendre un rire satanique qui me glaça
d'effroi. Je fus persuadé alors que ma dernière
heure était venue, et que j'allais être égorgé et
probablement dévoré par ces barbares, qui passent
pour être anthropophages.

Cette idée me causa une terreur que la crainte
de la mort, même d'une mort violente, ne
m'aurait pas occasionnée. La mort, ne l'avais-
je pas mille fois affrontée dans les combats et
dans les périls de toute espèce? Mais être livré
à d'horribles tourments, car je savais que les
sauvages font souffrir toutes sortes de tortures
aux ennemis qu'ils veulent immoler, puis songer
que mes membres allaient être dépecés, rôtis
et dévorés par ces affreux cannibales, voilà ce
qui remplissait mon âme d'une indicible horreur.
Ah! s'il m'eût été au moins permis de mourir
en combattant; mais les barbares m'avaient en-
levé mes armes; d'ailleurs je n'aurais pas eu la
force de m'en servir; et puis j'étais étroitement
lié, comme un animal qu'on va conduire à l'abat-
toir.

Pendant que je faisais ces réflexions, les Indiens, sans paraître s'occuper de moi, causaient

bruyamment entre eux, en se passant ma gourde
de rhum, qu'ils eurent vidée en un instant. Cette
opération terminée, celui qui paraissait le chef
de la troupe s'approcha enfin de moi, et me dit
en assez bon espagnol : « Dans quelle intention
une face pâle d'Espagnol s'est-elle hasardée à
venir dans le pays des Peaux-Rouges? Est-ce
pour connaître le nombre de nos guerriers et le
chemin de nos wigwams, et pour aller ensuite
en rendre compte aux chefs des hommes pâles? »

Je compris à ces questions que les Indiens me
prenaient pour un espion espagnol, et je sentis
renaître en moi quelque espoir. Je répondis que
je n'étais point Espagnol, mais Français, et je
leur racontai par quelle série d'événements je
m'étais trouvé, malgré moi, transporté loin de
mes compagnons de voyage, jusqu'au milieu de
leur pays, sans savoir où je me trouvais.

Je ne sais pas si mon interlocuteur connaissait
assez bien l'espagnol pour me comprendre; une
seule chose dans mon récit parut le frapper, c'est
que j'étais un des guerriers de Napoléon arrivés
au Texas depuis quelques mois. Il me demanda à
plusieurs reprises si j'étais effectivement un de
ces guerriers, et comment il se faisait alors que
je fusse vêtu comme les Mexicains ou les Espagnols. Après une nouvelle information et une

nouvelle explication de ma part relative à mon
costume, il me dit d'un ton plus radouci que la
première fois : « Si mon frère a dit la vérité, il
ne lui sera fait aucun mal. Les Comanches ne sont
pas les ennemis de Napoléon, ni de ses guerriers,
ni des Français. Mais il faut que mon frère nous
accompagne jusqu'auprès de notre grand chef,
qui peut seul connaître la vérité et rendre la justice. »

Je répondis que je ne demandais pas mieux,
mais qu'il m'était impossible de marcher, par
suite de la douleur que me causait mon pied.
L'Indien détacha aussitôt les liens qui me retenaient les bras, je m'assis sur mon séant, et dé-
boutonnai ma guêtre de la jambe droite. Je reconnus alors que je n'avais point de fracture,
comme je l'avais craint d'abord, mais une forte
entorse, qui me faisait néanmoins beaucoup souffrir, et ne me permettait pas de marcher.

Pendant ce temps-là, le chef fit signe à un des
individus de sa troupe de s'approcher de moi et
de m'examiner. Cet Indien était plus petit que
les autres, et son costume annonçait qu'il n'appartenait pas à la même tribu. C'était, en effet,
un Tankard, ou Tankoway, peuplade qui passe
parmi les autres pour avoir des connaissances
merveilleuses dans l'art de guérir.

Mon docteur cuivré, après m'avoir palpé le pied, et avoir reconnu que je n'avais dans d'autres parties du corps que de simples contusions, me fit dire par le chef que je serais promptement guéri. Il s'éloigna aussitôt, et revint au bout d'un quart d'heure avec un paquet de plantes qu'il mâchait et m'appliquait ensuite partout où je ressentais des douleurs, en accompagnant le tout de paroles mystérieuses qui devaient, selon lui, aider à la vertu des plantes.

Il me fit boire ensuite une espèce de potion composée de jus d'herbes, et me fit dire par le chef qu'il fallait me reposer et dormir jusqu'au moment du départ.

Quoique je n'eusse pas grande confiance dans mon médecin sauvage, je suivis ses prescriptions à la lettre, et, soit effet de sa potion, soit résultat de la fatigue et de l'affaissement moral inévitables après de si fortes émotions, je m'endormis paisiblement, presque sans penser à ma triste situation.

Il était plus de midi quand je me réveillai, ou plutôt quand on me réveilla; car j'aurais encore dormi longtemps si le chef n'était venu m'annoncer que le moment de partir était arrivé. Je fus tout surpris, en me réveillant, de ne ressentir presque plus de douleur; seulement j'éprouvais dans le pied un engourdissement qui m'empêchait complètement de marcher. Il paraît que cet incident était prévu, car on avait amené auprès de moi un cheval couvert de harnais enlevés de celui qui m'avait si fatalement entraîné, et qui gisait immobile à quelques pas.

Avant le départ, le chef eut l'attention de m'offrir quelques tranches de buffle grillées, que j'acceptai avec plaisir; car je n'avais pas mangé depuis plus de vingt-quatre heures, et, l'accès de fièvre occasionné par d'aussi grandes douleurs physiques étant passé, je commençais à ressentir l'aiguillon de la faim.

Mon repas terminé, je montai, ou plutôt on me hissa sur le cheval qui m'était destiné, et nous nous mîmes en route, en marchant à la mode indienne, c'est-à-dire à la file, un à un. Mon cheval n'allait qu'au pas, et deux Indiens, placés l'un devant l'autre derrière moi, conservaient la même allure, tandis que le reste de la troupe marchait plus rapidement en avant.

Des deux Indiens qui m'escortaient, l'un était mon médecin tankoway, et l'autre, vieux, Comanche à l'air sombre et renfrogné, paraissait suivre tous mes mouvements, comme s'il eût craint que je ne cherchasse à m'échapper ou peut-être à l'attaquer. Hélas ! j'étais également incapable de l'une et de l'autre de ces tentatives, car j'avais à peine la force de me tenir à cheval, et, d'un autre côté, les Comanches avaient eu soin de m'enlever toutes mes armes, depuis ma carabine jusqu'à un petit couteau de poche garni, outre la lame du couteau, de deux lames de canif et d'un tire-bouchon.

Nous marchâmes ainsi jusqu'à la tombée de la nuit. Alors nous arrivâmes dans le campement déjà préparé par les quatre Indiens qui nous avaient précédés. Le feu était allumé, les viandes pour le souper rôtissaient; mon chirurgien examina de nouveau ma jambe, qui était considérablement enflée; il y mit de nouvelles compresses, me fit manger quelques morceaux de viande et m'ordonna de nouveau le repos.

Le lendemain, je me sentais encore mieux. Nous décampâmes de bonne heure et continuâmes notre route pendant toute la journée. Je remarquai que nous nous dirigions toujours vers le nord-ouest, ce qui était précisément l'opposé de la route que mes camarades avaient dû suivre après que je les eus si malheureusement quittés vers la source de la Sabine.

Enfin, après trois jours de marche, nous arrivâmes vers le soir dans une vallée arrosée par une petite rivière, sur les bords de laquelle s'élevait un nombre considérable de cabanes de formes et de dimensions différentes; c'était la principale résidence des Comanches.

Comme il était tard ce soir-là, et que nous étions harassés de fatigue, on remit au lendemain ma présentation au grand chef, qui devait prononcer sur mon sort.

Malgré un si long et si pénible voyage, mon entorse me faisait peu souffrir, grâce aux médicaments employés par le Tankard, qui pansait ma jambe deux fois par jour et y appliquait chaque fois de nouveaux emplâtres composés de simples mâchés. Je n'avais plus besoin que d'un certain temps de repos absolu pour être complètement guéri.

Le lendemain, de bonne heure, le chef de la petite troupe qui m'avait amené vint, accompagné de mon médecin, me chercher pour me conduire auprès du grand chef. Quoique la distance ne fût pas longue, j'aurais été dans l'impossibilité de la parcourir à pied sans aide. Mes deux compagnons m'offrirent le secours de leurs bras; je m'appuyai fortement sur eux, et nous parvînmes, non sans peine, jusqu'auprès du chef. Nous le trouvâmes au milieu de la place du village, qui lui servait ordinairement de

salle d'audience. Il était assis, ou plutôt accroupi
au pied d'un arbre; il fumait dans une énorme
pipe ou calumet de pierre rouge, et paraissait
s'entretenir avec une dizaine d'autres Indiens
accroupis comme lui en demi-cercle. Il ne parut
pas s'apercevoir de mon arrivée, et il continua
toujours à tirer de sa pipe des bouffées de fumée,
et à échanger quelques paroles brèves et d'un
ton grave avec ceux qui l'entouraient, tandis
que mes deux conducteurs me faisaient asseoir
par terre et s'accroupissaient à mes côtés, de
manière à remplir à peu près l'espace resté vide
entre les deux extrémités du demi-cercle et à
former un cercle entier. J'étais placé en face du
chef. Il eût été difficile de reconnaître son âge
aux traits de son visage, qu'un tatouage bizarre
empêchait de distinguer; son attitude ne me
permettait pas non plus de reconnaître sa taille;
mais la longueur de ses jambes et la hauteur de
son buste me faisaient supposer que debout il
devait être plus grand qu'aucun de ceux qui
l'entouraient, ce qui était en effet. Son costume
était à peu près le même que celui des autres
chefs; cependant son manteau, ou couverture
d'un rouge écarlate, était jeté sur ses épaules
avec une sorte de négligence qui ne manquait pas
de grâce; sa chevelure, qui lui descendait jus-

qu'au bas des reins, était tressée en nattes; deux
de ces nattes, ramenées en avant, tombaient de
chaque épaule, et étaient ornées de plaques d'argent assez également espacées.

J'avais eu le temps d'examiner tous ces détails,
car pendant plus d'un quart d'heure personne
ne parut s'occuper de moi; seulement, après
mon arrivée, le chef avait passé son calumet
à son voisin de droite; celui-ci, après avoir
aspiré quelques bouffées de fumée, en avait fait
autant à son voisin du même côté, et ainsi de
suite, jusqu'à ce que la pipe fût arrivée jusqu'à
mon voisin de gauche; c'était mon interlocuteur.
Après avoir fumé quelques instants comme les
autres, au lieu de me donner le calumet, il entama un long discours dans lequel il raconta probablement les détails de notre rencontre et ceux
de notre voyage; quant à moi, je n'en compris pas
un mot.

Quand il eut terminé sa harangue, le chef, qui
avait écouté attentivement, dit quelques mots à
un des assistants. Celui-ci se leva aussitôt, et se
dirigea vers une des cases du village. Il revint
quelques minutes après, ramenant avec lui un
nouveau personnage, qui certes n'appartenait pas
à la tribu des Comanches, ni à aucune race indienne. C'était un petit homme trapu, dont tout

dans l'aspect indiquait la vieillesse et même la dé-
crépitude; son costume, si l'on voulait appeler cela
un costume, était aussi simple que grossier : il se
composait d'une loque qui devait avoir été dans
le principe une tunique de chasse, mais qui n'é-
tait plus maintenant qu'un vieux sac de cuir percé
de tous côtés et auquel on avait pris la peine de
coudre des manches. Sa couleur générale était
d'un brun sale, mais variée çà et là de quelques
pièces grossièrement ajustées et de nombreuses
taches de graisse. Il n'y restait aucune trace de
frange ou d'ornement quelconque. Cependant un
capuchon avait dû autrefois se rattacher à ce vêtement; mais l'usage et le temps en avaient eu
raison à tel point, qu'on en voyait à peine la
trace. Les guêtres et les mocassins étaient en rapport avec la tunique et devaient être du même
cuir; ils étaient aussi d'un brun sale, souillés, ta-
chés et rapiécés. Du reste, les guêtres et les mocassins ne se rejoignaient pas et laissaient à nu
une partie de la jambe, dont la peau paraissait
aussi tannée que le cuir des vêtements. Pour compléter ce costume, il portait une coiffure qui des-
sinait la forme de la tête, et qui sans doute avait
été jadis un bonnet de poil de chat ou de renard;
mais le poil en avait entièrement disparu, il ne
restait plus qu'un vieux cuir graisseux en parfaite

harmonie avec le reste de l'accoutrement. Coiffure, tunique, guêtres et mocassins, tout cela paraissait n'avoir jamais été quitté depuis le premier jour où on l'avait pris, et il devait y avoir de cela bien des années.

Son visage indiquait plus de soixante ans. Ses traits étaient amaigris. Ses yeux, gris-bleu, ne manquaient ni de finesse ni d'expression. Sa chevelure grisonnante était coupée très court. Sa peau, brunie par le soleil, avait dû être blanche, et sa physionomie, portant évidemment le type européen, n'indiquait ni la race saxonne ni le sang espagnol. Il devait plutôt être de race française.

A peine ce singulier personnage eut-il été introduit au milieu des Comanches, que le grand chef lui adressa quelques mots dans sa langue. Le nouveau venu y répondit brièvement, et, se tournant aussitôt vers moi, il me regarda quelques instants avec attention, comme pour étudier ma physionomie; puis il me dit en très bon français et en prenant un ton imposant : « Camarade, des guerriers comanches vous ont arrêté en vous prenant pour un Espagnol ou un Mexicain; vous avez prétendu être Français et je suis chargé de constater la vérité de ce fait : quelle preuve pouvez-vous donner à l'appui de votre assertion ? »

En entendant ces paroles prononcées avec une
certaine emphase, j'éprouvai tout à la fois une
vive satisfaction de rencontrer quelqu'un avec
qui je pourrais facilement m'entretenir dans ma
langue, en même temps que l'importance du personnage grotesque chargé de m'interroger me
faisait sourire involontairement, en me rappelant
quelque garde champêtre de mon pays deman-
dant les papiers à un voyageur suspect. Je me
hâtai de réprimer ce mouvement intempestif
d'hilarité, et de témoigner le plaisir que je ressentais de me trouver en présence d'un compatriote. « Je suis enchanté, lui dis-je, de vous
voir chargé de vérifier si je suis réellement un
Français. Je n'ai, il est vrai, sur moi ni passeport
ni papiers (je pensais toujours à mon garde champêtre) qui puissent constater mon identité ; mais
vous parlez trop bien notre langue pour que je
ne reconnaisse pas en vous un Français, et, par la
même raison, j'espère qu'après quelques moments
d'entretien vous ne douterez pas que je ne sois
aussi un de vos compatriotes. »

A ces mots, le bonhomme, qui, comme il me
le dit lui-même plus tard, n'avait pas entendu
parler français depuis plus de dix ans, éprouva
une vive émotion ; sa figure s'illumina en quelque
sorte ; ses yeux se fixèrent sur moi avec une ex-

pression marquée de bienveillance que me valait
sans doute aussi le compliment que je lui avais
adressé, et il me répondit sur un ton modeste bien
différent de celui qu'il avait pris d'abord : « Oh!
Monsieur, je n'en doute déjà plus; seulement,
quoique de même origine, nous ne sommes pas
compatriotes; je ne suis qu'un Français du Canada; et vous, vous êtes un Français de France;
je le reconnais facilement. Quoique je ne parle
pas aussi bien notre langue que vous voulez
bien le dire, j'ai assez couru le monde, j'ai
assez causé avec les gens de tous les pays, pour
pouvoir distinguer, dès les premiers mots, si
notre langue est la langue maternelle de ceux
qui s'en servent, ou si elle leur est étrangère,
quand même ils la parleraient avec facilité. Maintenant, dites-moi comment vous vous êtes trouvé
sur le territoire des Comanches, afin que j'en
rende compte au *tatli* (le père, titre donné au
grand chef). »

Je lui racontai alors brièvement les principaux
événements de mon histoire, les motifs qui m'a-
vaient fait quitter la France après la chute de
Napoléon, notre entreprise de colonisation du
Texas, l'opposition des Espagnols, qui avaient
envoyé une armée pour nous expulser, notre
départ du Champ d'Asile, mon voyage à tra-

vers la prairie, et l'incident qui m'avait séparé de
mes compagnons, entraîné loin d'eux, et avait
failli me coûter la vie, quand j'avais été rencontré par des guerriers comanches qui m'avaient
recueilli et amené jusqu'ici.

A mesure que je faisais ce récit, le vieux Canadien le traduisait aux Indiens, qui paraissaient
l'écouter avec un vif intérêt. Quand j'eus cessé
de parler, le chef me fit demander si j'étais sûr
que l'armée espagnole entrée récemment dans le
Texas n'avait eu d'autre but que d'expulser les
Français, et si elle ne songeait pas à attaquer les
Indiens.

L'arrivée d'un corps aussi considérable de
troupes dans le pays avait effectivement effrayé
les Indiens de cette contrée, qui, n'ayant pas la
conscience très nette, à cause de certaines déprédations commises récemment sur les frontières
du Texas et du Nouveau-Mexique, s'imaginaient
que ce corps d'armée était destiné à agir contre
eux. C'était afin de surveiller ses démarches
qu'ils envoyaient des éclaireurs de différents
côtés, et c'était entre les mains d'une de ces
espèces de patrouilles que j'étais tombé. Mon
costume et la langue espagnole que je parlais
facilement m'avaient fait prendre pour un
espion.

6

Je répondis à la demande du chef que j'étais persuadé que les troupes espagnoles n'avaient en vue que de forcer les Français à quitter le Texas; que j'ignorais si elles avaient d'autres desseins, mais que je ne le pensais pas, attendu que, depuis notre départ, une partie des soldats avaient regagné la frontière du Mexique, et que le reste était cantonné à Nacogdoches, à Béjar, à Goliad et dans les environs, et ne paraissaient nullement disposés à entreprendre une nouvelle expédition. J'ajoutai ensuite que, d'après mes explications, je pensais que ma qualité de Français devait être suffisamment établie; qu'à ce titre j'espérais compter sur la bienveillance des Comanches, qui avaient toujours eu des relations amicales avec les Français de la Louisiane, leurs voisins, et qui, tout récemment encore, avaient fait alliance avec nos propres chefs au Champ d'Asile. Cette dernière considération ne pouvait produire aucun effet sur eux; car ils n'appartenaient pas à la tribu qui avait fait un traité avec le général Lallemand, et ils ignoraient cette circonstance. Les Comanches que j'avais vus dans notre camp étaient, comme je l'appris plus tard, des alliés des Pawnies, et on les appelait Comanches de la plaine; tandis que ceux au milieu desquels je me trouvais étaient des Comanches de la montagne, alliés des Apaches.

Le vieux Canadien reproduisait mes paroles en y ajoutant quelques commentaires qu'il débita avec chaleur, et dans lesquels j'entendis revenir à plusieurs reprises le nom de Napoléon, seul mot que je compris de toute sa harangue.

Quand il eut terminé, les Indiens se mirent à délibérer gravement entre eux. Les Comanches ne décident jamais rien qu'après mûre réflexion; ils sont, plus que les autres peuplades de ces contrées, doués d'un bon sens remarquable et d'un jugement sûr : mais ils sont lents à prendre une détermination.

Pendant qu'ils délibéraient, le Canadien vint s'asseoir à côté de moi, et me dit qu'ils paraissaient très bien disposés en ma faveur, surtout quand ils avaient appris que j'étais un officier de l'armée de Napoléon; que cependant ils étaient défiants, et que l'un d'entre eux, celui qui était à côté du chef, ne paraissait pas encore convaincu, parce que, disait-il, il avait vu des officiers des hommes pâles, et que toujours ils portaient, soit sur leurs épaules, soit sur la poitrine, des insignes de leur grade. « Auriez-vous par hasard, ajouta-t-il, dans votre portemanteau, vos épaulettes, un ceinturon, quelque chose enfin qui pût frapper les yeux et achever de les convaincre?

— Non, répondis-je; tous ces objets, ainsi qu'un habit d'uniforme, sont restés avec mes bagages sur mon cheval de charge; je n'ai ici que ma croix d'honneur, qui m'a été donnée par l'empereur lui-même, et qui ne me quitte jamais; mais je crains, en la faisant voir, d'exciter la cupidité de ces hommes, et vous comprenez que je tienne à cette décoration plus qu'à tout ce que je possède.

— Je vous comprends; mais ne craignez rien, attachez-la simplement à votre boutonnière pendant qu'ils sont occupés à délibérer, ce qui durera bien encore un quart d'heure, et je me charge du reste. »

Je suivis son conseil, et je tirai de la poche de côté de ma tunique une petite boîte renfermant ma croix, et quelques pièces de monnaie d'argent à l'effigie de l'empereur.

« Oh! il me vient une idée, dit tout à coup le Canadien en voyant ces objets; je pense que vous ne tenez pas autant à ces pièces de monnaie qu'à votre croix; donnez-les au tatli, avec quelques morceaux de ruban rouge, dont je vois que vous avez une provision. Il les prendra pour des décorations dans le genre de la vôtre, car il reconnaîtra que l'effigie est la même; moi, je me charge d'adapter à ces pièces des boucles pour pouvoir

les suspendre. Je vous garantis que cette ga-
lanterie produira le meilleur effet, et que vous
serez traité désormais comme un des chefs de la
tribu. »

Je consentis à faire ce qu'il me disait. Il attacha
lui-même ma décoration sur ma tunique, opération dont les Indiens ne s'aperçurent pas, parce
que, dans ce moment, ils étaient debout, et formaient un cercle resserré, de manière que ceux
qui étaient les plus proches de nous nous tour-
naient le dos.

Prenant alors les pièces de monnaie dans sa
main, il se leva, et déclara à haute voix qu'il avait
à faire au tatli une communication de ma part.

Le cercle s'ouvrit aussitôt, et le Canadien,
s'avançant avec la gravité d'un ambassadeur jusqu'auprès du chef, entama encore une de ces
longues harangues comme les aiment les Indiens. Je compris par ses gestes qu'il leur disait
à peu près : « On a paru douter que l'étranger fût
un des chefs guerriers du grand Napoléon, parce
qu'il ne montrait pas au jour les insignes de sa
dignité; mais le soleil lui-même ne se montre pas
dans tout son éclat, et, quand il lui plaît, il voile
sa face par des nuages. C'est ainsi que ce Français
avait jugé à propos de ne pas étaler aux regards
les preuves éclatantes de son titre et de son cou-

rage; mais à présent il veut vous les montrer, et vous pouvez les voir briller sur sa poitrine. » Et, en disant ces mots, il étendit la main vers moi, et tous les regards étaient fixés sur ma décoration. Après un instant de silence, il reprit sa harangue, que je n'essayerai pas de traduire cette fois, quoiqu'il me l'ait répétée lui-même, et il la termina en offrant de ma part au grand chef une grande décoration, portant, comme la mienne, le nom et le portrait de Napoléon (c'était une pièce de cinq francs), puis quelques autres décorations plus petites (c'étaient des pièces de deux francs, d'un franc et de cinquante centimes), pour être données à ceux de ses guerriers qu'il en jugerait dignes.

Malgré l'impassibilité habituelle des Indiens, le visage du chef trahit un mouvement d'orgueil et de joie. Les autres guerriers éprouvèrent la même impression à des degrés différents. La délibération fut terminée. Le grand chef m'envoya le calumet de paix, après en avoir lui-même fumé les premières bouffées; puis il me fit dire par l'interprète que désormais j'étais l'hôte de sa tribu; qu'on allait me préparer une case où je serais soigné jusqu'à mon entière guérison, et qu'ensuite je resterais parmi eux autant de temps que cela me ferait plaisir.

Quelques instants après on me transporta dans une hutte garnie de nattes de latanier et d'un hamac, dans lequel je me couchai avec délices. Mon médecin tankowai, après m'avoir pansé, me laissa aux soins du vieux Canadien, qui s'installa auprès de moi en me déclarant que, si cela m'était agréable, il se dévouerait entièrement à mon service. J'acceptai son offre avec reconnaissance, et, après un léger repas, je m'endormis d'un sommeil paisible, dont j'avais grand besoin, et que je n'avais pas goûté depuis longtemps.

CHAPITRE VIII

Michel Gournay le Canadien. — Mœurs de quelques tribus
indiennes.

Quand je m'éveillai, je trouvai à côté de moi
mon Canadien qui veillait sur moi comme une
tendre mère sur son enfant. En promenant mes
regards autour de ma chambre (si je puis donner
ce nom à mon gîte), je remarquai que ma selle,
les harnais de mon cheval, mes armes, qui m'a-
vaient été enlevées, étaient rangés avec ordre d'un
côté ; de l'autre se trouvaient une couverture, une
espèce de ballot garni de courroies de cuir et un
vieux fusil. Je compris que ces derniers objets
appartenaient au Canadien, et j'avais à peine

formé cette conjecture dans mon esprit qu'il se
chargea lui-même de me la confirmer en me disant : « Vous voyez, mon capitaine (il ne m'appelait plus que capitaine depuis qu'il savait que
j'avais eu ce grade), que je me suis permis d'ap-
porter mon petit mobilier dans votre apparte-
ment; j'ai pensé que cela ne vous contrarierait
pas, puisque vous voulez bien me prendre à
votre service. »

Je le rassurai complètement sous ce rapport;
puis nous nous mîmes à causer. Le bonhomme ne
demandait pas mieux, et, comme il en trouvait
rarement l'occasion, il usa amplement de la permission. J'étais curieux de connaître son histoire;
de savoir quelques détails sur les mœurs des Indiens au milieu desquels je me trouvais, surtout
à quelle distance nous étions des frontières de la
Louisiane et de l'endroit où je m'étais séparé de
mes compagnons.

Cette dernière question était celle qui m'inté-
ressait le plus, et, quoique je la place ici la troisième, c'est celle que j'adressai la première à mon
compagnon. Mais il ne put sous ce rapport me
donner que des renseignements vagues, et qui
étaient loin de satisfaire ma curiosité; jamais il
ne s'était avancé dans cette direction plus loin
que l'endroit où nous nous trouvions, et toujours

6*

il était venu dans le Texas par le Nord et les
montagnes Rocheuses, jusqu'à cette tribu des
Comanches, campée ordinairement sur le plateau
situé au delà de la sierra de San-Saba, entre les
sources du Rio-Colorado [1] et celles de Brazor,
enfin, d'après ce qu'il avait entendu dire, il
fallait au moins dix à douze jours de marche
pour atteindre la frontière de la Louisiane, et
cette route ne pouvait se faire sans guide à travers
les immenses forêts et les défilés des montagnes
qu'il y avait à traverser. Cette appréciation de la
distance qui me séparait de la Louisiane me
semblait bien un peu exagérée; puisque nous
n'avions mis que trois journées et demie pour
faire le trajet de l'endroit où les Indiens m'a-
vaient rencontré jusqu'à leur village; il est vrai,
d'un autre côté, que je ne pouvais avoir une
idée bien précise de la distance parcourue par
mon cheval pendant sa course furieuse. Dans
tous les cas, je n'avais pas pour le moment à

[1] Il y a plusieurs rivières de ce nom dans l'Amérique espagnole.
Les deux principales sont le Rio-Colorado du Texas, et dont il est
ici question; l'autre est le Rio-Colorado qui sépare la Californie de
la Sonora, et se jette dans la mer Vermeille. Le Colorado du Texas
doit son nom au limon rougi par l'oxyde de fer qui le colore après
les pluies. Il prend sa source sur les pentes septentrionales de la
sierra de San-Saba, qu'il traverse, et va se jeter dans le golfe du
Mexique, après un cours de plus de six cent quarante kilomètres,

songer à un pareil voyage ; il fallait commencer
par me guérir, et ensuite je m'occuperais des
moyens de l'entreprendre. En attendant, mon
garde-malade cherchait de son mieux à me
distraire, en me racontant une foule d'aventures
qui lui étaient arrivées pendant sa longue et
pénible existence. Il y aurait de quoi faire avec
ces récits un volume entier, et qui ne manque-
rait pas d'intérêt; mais le temps ne me permet
pas de l'entreprendre; je vais seulement vous dire
en quelques mots ce qu'était le bonhomme, et
quelles circonstances l'avaient jeté au milieu des
Comanches.

Il était né dans le haut Canada, et se nommait
Michel Gournay. Son père était ce qu'on appelle
au Canada *voyageur*, c'est-à-dire marinier ou
canotier, employé sur les lacs et les rivières
de ce pays à transporter par eau les véritables
voyageurs et les marchandises. Dès sa première
jeunesse, il avait suivi son père sur la plupart
des grands lacs et des fleuves immenses qui en
découlent. Un jour, en descendant le Mississipi,
leur légère embarcation fit naufrage, et Michel
parvint seul à gagner le rivage. Parmi les débris rejetés sur les bords du fleuve, il trouva
une caisse qui contenait divers objets qui étaient
pour lui de la plus haute importance : c'étaient

des fusils, des couteaux des haches, de la poudre
et du plomb.

Grâce à ce secours inespéré, il put facilement
pourvoir à son existence en se procurant tout le
gibier dont il avait besoin et dont la prairie
abondait. Ce nouveau genre de vie eut pour lui
tant d'attrait, qu'il renonça tout à fait au métier de marinier pour devenir chasseur dans la
prairie.

Avant d'aller plus loin, je dois vous dire ce
qu'on entend dans l'Amérique du Nord par ce
mot prairie. Il signifie proprement une étendue
de terrain dépourvu de bois, et on l'emploie généralement par opposition au mot forêt. Cependant on désigne souvent sous le nom de prairie
des espaces dans lesquels croissent des arbres de
toute espèce. Tel était le pays que j'avais par-
couru depuis Nacogdoches jusqu'au moment de
ma malencontreuse rencontre avec les buffles. Si
le nom de prairie est conservé à ces sortes de
terrains, c'est que, malgré les bois qui s'y rencontrent, ce sont toujours néanmoins des plaines
où l'herbe domine, et que les endroits couverts
d'arbres n'y sont en quelque sorte que comme des
îlots s'élevant au sein d'une mer de verdure ;
aussi les désigne-t-on généralement sous le nom
d'*îles* ou de *mottes.*

On appelle *terre de la prairie,* ou mieux la *grande prairie,* l'immense étendue du territoire comprise entre les deux méridiens du Mississipi et des montagnes Rocheuses. C'est la patrie du buffle et du cheval sauvage ; c'est la demeure des peuplades nomades, derniers restes des premiers habitants de la terre américaine, connus sous le nom de Sioux, Crows, Cheyennes, Pawnies, Arapaos, Pieds-Noirs, Apaches, Wacos, Comanches, etc.

C'était dans la grande prairie que se trouvait Michel Gournay après son naufrage, et il ne cessa de la parcourir pendant plus de dix ans, se trouvant souvent en contact avec quelques-unes des peuplades indiennes dont je viens de citer les noms, et en étant généralement assez bien accueilli.

Le hasard de ces courses vagabondes l'ayant rapproché de son pays, il entra dans une sorte de corporation de chasseurs appelés *trappeurs* et employés à la solde d'une grande compagnie anglaise qui spéculait sur les fourrures. On donne à ce genre de chasseurs le nom de trappeurs parce qu'ils se servent habituellement, pour capturer leur gibier, d'un piège appelé *trappe.*

Mais au bout de quelque temps il n'eut pas à se louer de la compagnie qui l'employait ; d'ail-

leurs il était tourmenté par le besoin de mener une
vie tout à fait indépendante, et par le désir de se
retrouver dans ces vastes solitudes, désir partagé
par tous ceux qui ont une fois goûté de cette
existence aventureuse, et qu'on appelle la *fièvre
de la prairie.* Il abandonna donc la corporation
des trappeurs à laquelle il appartenait, pour exercer seul ce métier dans le désert pour son propre
compte.

Ce fut surtout à cette époque de sa vie qu'il fut
exposé aux vicissitudes les plus bizarres de la
fortune. Plusieurs fois il s'était vu possesseur de
riches fourrures dont la vente lui avait procuré
de grands bénéfices; plusieurs fois il avait été
dépouillé de tout ce qu'il possédait, soit par des
voleurs, soit par la mauvaise foi de ceux à qui
il avait vendu ses marchandises; et ceux dont il
avait eu à se plaindre dans ces diverses circonstances appartenaient à la race blanche, à la race
qui se dit civilisée. Sans doute il n'avait pas
toujours eu à se louer des sauvages; il était
un jour tombé entre les mains d'une peuplade
d'anthropophages qui s'apprêtaient à le dévorer,
quand il fut délivré par des Comanches ennemis
de cette peuplade. Dès lors il s'attacha à cette
nation, et il trouva chez eux une hospitalité et
même une générosité qu'il n'avait pas toujours

rencontrées chez les Américains de la race anglo-saxonne, ni chez les Américains de race espagnole.

Dégoûté du métier de trappeur, que l'âge et les infirmités ne lui permettaient plus guère d'exercer, il se fit *coureur des bois*. C'est le nom qu'on donne à de petits colporteurs qui parcourent la prairie avec un chargement de couteaux, de miroirs, de verroteries, de vermillon, de tabac et de divers autres objets, qu'ils échangent avec les Indiens contre des pelleteries et autres produits de ces sauvages contrées. C'est ordinairement un métier fort dangereux, et il n'est pas rare de voir ces malheureux assassinés par des gens avides de s'emparer de leur petite fortune. Cependant Gournay l'exerçait depuis plus de dix ans, sans avoir jamais couru de danger sérieux, grâce à ses liaisons avec les Comanches, les Apaches, et les plus puissantes tribus indiennes répandues sur les frontières du Texas, du Nouveau-Mexique et de la Sonora.

« Comment se fait-il, lui dis-je, que vous soyez si bien accueilli de ces peuples, que j'ai toujours entendu citer comme des barbares féroces, inaccessibles à tout sentiment de pitié et de reconnaissance ?

— Vous avez entendu dire cela aux Espa-

gnols, ou peut-être aux Anglo-Américains, me
répondit Gournay; effectivement les Comanches,
les Apaches, les Navajos, les Pawnies et une
foule d'autres nations que je pourrais vous nom-
mer, se montrent ennemis implacables des Espa-
pagnols, et exercent sur eux d'horribles cruautés.
Souvent les *atajos* ou convois sont pillés, les
mules et les chevaux emmenés, les *arrieros* im-
pitoyablement massacrés; souvent des fermes et
même des villages sont incendiés, les femmes et
les enfants sont enlevés, les hommes sont *scal-
vés*[1], et leur chevelure sert de trophée aux guerriers indiens. Mais ces atrocités ne sont à leurs
yeux que de justes représailles des cruautés que
les Espagnols ont exercées sur eux depuis la conquête du Mexique. Leurs pères habitaient jadis
les belles vallées du Rio del Norte, et les contrées fertiles d'où les Espagnols les ont chassés;
maintenant que la puissance des envahisseurs
s'affaiblit de jour en jour, les Indiens indépendants, que les Hispano-Mexicains appellent eux-
mêmes *Indios bravos*, ne désespèrent pas de reconquérir leur ancienne patrie et d'en chasser

---

[1] Scalper, c'est, dans les mœurs des sauvages, enlever la peau
du crâne avec la chevelure d'un ennemi vaincu; cette opération se
pratique à l'aide d'une incision circulaire faite avec un couteau appelé scalpel.

à leur tour les étrangers. Telle est la cause de
la haine implacable de ces peuples contre tout
homme qui a du sang espagnol dans les veines,
et vous en auriez été vous-même la victime, si
vous ne vous étiez pas fait reconnaître pour
Français. Car il est à remarquer que de tous
les peuples à peau blanche, ou à visage pâle,
comme disent les Indiens, qui se sont établis
en Amérique, les Français ont rencontré le plus
de sympathie de la part des naturels. Depuis les
grands lacs du Canada jusqu'à l'embouchure du
Mississipi, les sauvages ont appris à les aimer
et à les estimer. Les tribus voisines de mon
pays natal ne parlent encore qu'avec vénéra-
tion des *robes noires* (c'est ainsi qu'ils désignent
les missionnaires français), qui étaient venus
leur apprendre à adorer le Grand-Esprit. Ils
les regrettent toujours, et je suis convaincu que
si des missionnaires de votre nation revenaient
aujourd'hui dans ces contrées, ils y seraient accueillis avec respect, et feraient plus pour la
civilisation et la conversion de ces peuples que
les ministres de quelques sectes protestantes
qui l'ont tenté en vain [1]. D'ailleurs ces der-

---

[1] Ce vœu du vieux Gournay s'est accompli, et depuis ce temps
des missionnaires catholiques, presque tous Français, ne cessent
d'évangéliser les peuplades sauvages de l'Amérique du Nord.

niers appartiennent à la race anglo-américaine,
que les Indiens n'aiment pas plus que la race
espagnole; mais ils la redoutent davantage, car
elle est plus active, plus ardente, plus entrepre-
nante que l'autre, et chaque jour ils se voient
obligés de reculer devant ses envahissements suc-
cessifs. »

Je lui demandai quelques détails sur les
Apaches, dont j'avais souvent entendu parler
comme d'une des plus redoutables nations de
ces contrées.

« Les Apaches, me répondit-il, sont plus
nomades que les Comanches. Ils n'affectionnent
aucun district particulier, et se tiennent continuellement près des frontières des possessions espagnoles, depuis les montagnes Noires jusqu'aux
confins de Chohabuila. Ennemis implacables des
Espagnols, ils tiennent les habitants de plusieurs
provinces dans un état perpétuel d'alarmes. Jamais le gouvernement mexicain n'a eu que de
courtes trêves avec eux, et, quoique leur nombre
ait été considérablement diminué par les guerres,
par la famine et les épidémies, on est obligé de
tenir continuellement sur pied deux mille dragons pour escorter les caravanes, protéger les
villages et repousser leurs attaques toujours re-
nouvelées.

« Dans le principe, les Espagnols avaient essayé de réduire en esclavage ceux que le sort des armes faisait tomber entre leurs mains; mais, les voyant surmonter habituellement tous les obstacles pour retourner dans leurs montagnes, ils prirent le parti d'envoyer ces prisonniers à l'île de Cuba, où le changement de climat ne tarderait pas à les faire périr. Les Apaches n'en furent pas plus tôt instruits, qu'ils refusèrent de donner ou de recevoir quartier. De là cette renommée de férocité qu'ils se sont faite.

« Les Apaches sont plus grands et mieux faits que les Comanches; leur physionomie est aussi plus animée; ils ont le front étroit, les yeux noirs et vifs, les dents d'une blancheur éclatante, les cheveux noirs, épais et luisants; leur barbe est clairsemée, leur teint est olivâtre. Il n'existe peut-être pas de peuplade qui présente moins d'infirmités corporelles. Un bossu ou un boiteux y serait un objet de curiosité.

« Ils ont les sens exquis, particulièrement celui de la vue, qu'ils conservent jusqu'à l'âge le plus avancé. Ils ne sont pas sujets aux maladies les plus communes chez les Européens; mais la petite vérole et la fièvre jaune y exercent parfois de terribles ravages.

« Dans toutes les relations que j'ai eues avec

eux pour mon petit commerce, j'ai reconnu en eux de la probité et même quelque chose d'aimable. Pendant la paix, et avec leurs amis, ils montrent de la générosité et du désintéressement ; mais lorsqu'ils font la guerre, ils déploient contre leur ennemis la méchanceté la plus raffinée.

« Quant à leurs armes et à leur manière de combattre, je ne vous en parlerai pas ; sous ce rapport, ils ressemblent tout à fait aux Comanches. »

CHAPITRE IX

Mon entorse me retint plus de trois semaines sur mon hamac. Pendant tout ce temps-là, outre la compagnie de Gournay, j'avais souvent la visite du grand chef et des principaux guerriers de la tribu, qui venaient s'entretenir avec moi. Comme ils savaient presque tous un peu d'espagnol, nous pouvions causer ensemble dans cette langue, et, quand les expressions leur manquaient ou quand ils ne me comprenaient pas, nous avions recours à Gournay, qui remplissait les fonctions d'interprète.

Nos conversations, du reste, étaient peu ani-
mées; les Comanches ne sont pas causeurs de leur
nature; ils ont quelque chose de pensif dans le
regard; ils écoutent attentivement ce qu'on leur
dit, ils le méditent quand ils l'ont bien compris,
et ne répondent qu'avec réflexion. Sous ce rapport,
ils ont un avantage sur bien des Européens, et, je
le dis tout bas, surtout sur nous autres Français.
J'ajouterai qu'ils ne repoussent pas l'instruction,
et qu'ils sont en général curieux d'apprendre et
de s'éclairer.

Ils m'adressaient souvent, sur les diverses nations d'Europe, des questions qui m'étonnaient et
auxquelles j'étais parfois embarrassé de répondre.
Ils aimaient aussi à m'entendre parler de Napoléon, de ses exploits guerriers, et surtout de ses
guerres contre les Espagnols. Et que cela ne vous
surprenne pas; car il n'y a peut-être pas un coin
du globe où ce grand nom de Napoléon n'ait eu
du retentissement.

Peu à peu enfin je me rétablis et je fus en état
de marcher, d'abord à l'aide d'un bâton et de
mon brave Gournay, puis enfin seul et de manière à pouvoir me servir de mes jambes aussi
librement qu'autrefois.

Ma première pensée, quand je fus en état de
supporter les fatigues d'un voyage, fut de rega-

gner les États-Unis et d'arriver par un moyen
quelconque à Baltimore, ou tout au moins d'y
faire parvenir de mes nouvelles. Mais j'avais
compté sans mon hôte, le grand chef des Comanches, qui s'était mis en tête de me garder
dans sa tribu plus longtemps que je ne l'aurais
désiré.

Quand je me sentis parfaitement rétabli, et
que je parlai de regagner la Louisiane, on me
répondit qu'on ne pouvait me donner ni guide ni
escorte pour un pareil voyage, attendu que les
troupes espagnoles gardaient tous les passages
de la sierra San-Saba, qu'il fallait nécessairement
traverser ; mais qu'on attendait d'un jour à
l'autre un fort détachement de guerriers apaches,
avec lesquels les Comanches devaient faire une
expédition de ce côté, et que si je voulais me
joindre à eux, je pourrais facilement gagner la
Louisiane.

Il fallut bien me contenter de cette réponse
et attendre. Les guerriers apaches n'arrivèrent
qu'au bout de trois mois, au nombre d'environ
deux cents. C'étaient des hommes vraiment remarquables, et je ne fus pas fâché, malgré le
dépit que me causait un si long retard, de voir
un aussi bel échantillon des races indiennes de
l'Amérique du Nord.

Le surlendemain de l'arrivée des Apaches, il y eut une espèce de fête guerrière ou de revue, à laquelle le chef comanche me pria d'assister, étant flatté qu'un ancien officier de Napoléon jugeât la tenue de ses guerriers et de ses alliés.

Je me rendis à cette invitation, accompagné de mon fidèle Gournay. Je ne m'attendais pas, sans doute, à voir quelque chose qui pût être comparé à rien de ce que j'avais vu dans ce genre en Europe; mais j'avoue que je fus frappé de l'étrangeté, de la singularité et aussi de la sauvage beauté du spectacle qui s'offrit à ma vue.

Deux cents guerriers comanches s'étaient réunis aux Apaches. Moitié à peu près de chacune des deux troupes combattaient à cheval, les autres à pied.

Les fantassins étaient tous armés d'arcs, de flèches et du terrible tomahawk. Un grand nombre d'entre eux portaient aussi des fusils, conquis, ainsi que les munitions, sur les Espagnols, qui ne leur en vendent point. Il trouvent aussi à se fournir de poudre, mais en petite quantité, auprès des coureurs des bois, et c'était là le principal commerce de Gournay, et surtout le plus lucratif. Quoiqu'ils soient d'une adresse

extraordinaire au fusil, ils lui préfèrent encore
l'arc et les flèches, parce qu'ils sont aussi sûrs
d'atteindre leur but, et que pendant le temps qu'on
met à charger un fusil, ils auront lancé au moins
une demi-douzaine de flèches.

Ces flèches ont un mètre de long; elle sont
faites avec du roseau, dans lequel on enfonce
un morceau de bois dur et long dont la pointe
est de fer, d'os ou d'une pierre tranchante
appelée obsidienne. Ils lancent cette arme avec
tant de vigueur, qu'à trois cents pas de distance
ils peuvent percer un homme. Quand on veut arracher la flèche de la blessure, le bois se détache
et la pointe reste dans le corps : souvent cette
pointe est empoisonnée, ce qui rend la blessure
toujours mortelle.

Les cavaliers n'avaient pas de fusils; un grand
nombre même n'avaient pas d'arcs; leur arme
offensive était une lance de cinq mètres de long,
qu'ils manient avec une merveilleuse adresse,
et que les Espagnols ont depuis longtemps appris à redouter. Lorsqu'ils chargent l'ennemi, ils
tiennent cette lance à deux mains, par-dessus
leur tête, et dirigent leur cheval de la voix en le
pressant des genoux. Ils ont au bras gauche un
bouclier qui leur sert d'arme défensive. Rien
n'égale l'impétuosité et l'adresse de leurs cour-

siers, et la longue lance du cavalier vient frapper comme la foudre sans qu'il soit possible d'en parer les coups.

La fête commença par divers exercices. D'abord eut lieu le tir de l'arc et du fusil. Tous, archers et fusiliers, se firent remarquer par leur adresse à toucher le but indiqué; mais il n'y avait encore rien là de bien extraordinaire, quand un spectacle inattendu attira mon attention.

Un guerrier comanche venait de ramasser une petite coquille blanche, large à peu près comme une montre. Il passa près de moi, et, en la tenant entre ses doigts, il la fit voir à Gournay en l'engageant à me faire remarquer ce qui allait se passer. Je suivis des yeux l'Indien, qui s'éloignait d'une marche lente et mesurée.

« Il compte ses pas, me dit Gournay.

— Je le vois bien ; mais que va-t-il faire avec sa coquille?

— Vous allez voir, cela est vraiment curieux. »

Quant l'Indien eut mesuré à peu près soixante pas, il se retourna faisant face de notre côté, se redressa, rapprocha ses talons l'un de l'autre avec une précision toute militaire; puis il étendit le bras droit horizontalement, de manière que la

main fût à la hauteur des épaules. La coquille
était entre ses doigts.

Je compris alors ce qui allait se passer, et un
frisson involontaire me parcourut le corps.

Au même instant trois guerriers comanches
s'approchèrent de moi, en me priant, à l'aide de
Gournay, de vouloir bien désigner celui d'entre
eux qui serait chargé de tirer sur cette cible
vivante. C'était, ajouta Gournay en français, un
honneur que je ne pouvais pas refuser. Je m'en
serais passé bien volontiers. Je choisis au hasard
celui qui se trouvait à ma droite. Aussitôt il fit
trois pas de côté, et cria à celui qui tenait la
coquille de rester immobile. Le pouce et le doigt
qui tenaient la coquille couvraient presque la
moitié de sa circonférence, de telle sorte que la
partie qui se présentait au tireur n'avait pas la
largeur d'une pièce de cinq francs.

Ce jeu avait quelque chose d'effrayant, et pour
ma part j'éprouvais une vive émotion; mais ce
fut de peu de durée. Le tireur cria de nouveau
à l'homme à la coquille un seul mot, qui signi-
fiait : Attention! Au même instant il mit son
fusil en joue. Il y eut un moment de silence
effrayant; tous les yeux étaient braqués sur le
tireur : le coup partit... La coquille avait volé
en éclats. Ce fut un tonnerre d'applaudissements.

L'Indien-cible se baissa, ramassa un des frag-
ments de la coquille, et, après l'avoir examiné,
il me l'apporta en disant : « Vous voyez qu'il l'a
touchée au milieu. »

En effet, le tireur avait frappé la coquille en
plein centre, ainsi que l'attestait la trace bleue
imprimée par le projectile de plomb sur les morceaux éparpillés.

Au tir succéda un tournoi qui n'était pas moins
curieux. Il y eut toutes sortes de passes d'armes
et d'exercices d'équitation. Des cavaliers au grand
galop, debout sur leurs chevaux, et s'y tenant sur
un seul pied, lançaient dans cette position difficile
des flèches et des javelines, qui presque toujours
allaient frapper le but. D'autres se livraient à la
voltige sur des chevaux courant à toute vitesse,
et sautaient avec une agilité surprenante de l'un
sur l'autre. Ceux-ci s'élançaient à bas de leur
selle au milieu d'une course rapide, et se repla-
çaient à cheval avec une dextérité merveilleuse.
Ceux-là montraient leur habileté à lancer le terrible lazo.

Puis il y eut un véritable combat, des joutes
brillantes, dans lesquelles les guerriers cher-
chaient à se désarçonner, comme les chevaliers
du vieux temps.

C'était en réalité un magnifique spectacle, un

grand hippodrome dans le désert. Je ne pouvais me lasser de l'admirer, et, en voyant ces sauvages devenus si habiles dans l'art de maîtriser et de diriger des coursiers fougueux, je reportais mes pensées à trois siècles en arrière, à l'époque où Fernand Cortez, abordant les côtes du Mexique, entreprit la conquête de ce vaste empire avec une armée de quelques centaines d'hommes, dont quelques-uns seulement étaient armés de mousquets, et avec seize chevaux pour toute cavalerie. Cependant ces armes à feu et ces chevaux inspirèrent aux habitants une terreur qui contribua puissamment à la conquête du pays; et voilà qu'aujourd'hui les descendants des vaincus manient avec autant d'adresse et d'habileté que les envahisseurs ces principaux instruments de la conquête. Il y avait là matière à de profondes réflexions. N'y aurait-il pas eu moyen pour un gouvernement sage, éclairé, et comprenant ses véritables intérêts, de tirer parti des qualités remarquables de ces hommes pour les éclairer, les civiliser, à l'aide d'une religion toute de charité, au lieu de vouloir en faire des esclaves, de les tyranniser, et de les rejeter peut-être pour jamais en dehors de toute civilisation?

Tandis que je me livrais à toutes ces réflexions,

les jeux avaient cessé, et les chefs des deux
nations s'étaient réunis en conseil pour délibérer
sur l'expédition projetée. Mais, au lieu de la diriger, comme le chef comanche me l'avait fait
entendre, du côté de la Louisiane, le conseil
décida qu'elle aurait lieu du côté de l'ouest, c'est-
à-dire vers le Nouveau-Mexique.

Le chef, en m'annonçant cette résolution du
conseil, me déclara qu'au retour de l'expédition
il me ferait escorter jusqu'à la rivière Rouge,
d'où je pourrais facilement gagner l'Arkansas, et
de là la Louisiane.

J'eus l'air d'y consentir; mais intérieurement
ma résolution était prise de partir seul ou avec
Gournay, s'il voulait m'accompagner, aussitôt
après le départ de l'expédition.

La nuit suivante, les Indiens se mirent en route,
et le lendemain, à mon réveil, il n'y avait plus
dans le village que des femmes, des enfants, et
quelques vieillards.

Je fis part de mon projet à Gournay, qui non
seulement m'approuva, mais me déclara qu'il
m'aiderait de tous ses efforts à l'exécuter et qu'il
m'accompagnerait.

La plus grande difficulté était de nous procurer des chevaux; car les guerriers comanches les
avaient enlevés pour leur usage.

« Je sais où m'en procurer, me dit Gournay;
je vais partir aujourd'hui, et dans quatre jours
au plus tard je serai de retour avec ce qu'il nous
faut.

— Mais si les Comanches reviennent?

— Il n'y a pas de danger. Leur expédition durera au moins trois semaines, peut-être un mois.
Ils vont du côté du Paso del Norte, et, pour y arriver, ils ont à traverser des déserts de sable; de
plus ils sont obligés de prendre beaucoup de précautions pour cacher leur marche aux habitants
de ces frontières, qui sont braves, intelligents, et
toujours prêts à repousser les incursions de leurs
turbulents voisins. »

Gournay se disposait à partir, quand deux des
vieillards restés dans le village lui signifièrent
qu'il ne pouvait quitter la bourgade qu'après le
retour de l'expédition. Il revint aussitôt m'annoncer cette nouvelle.

« Comment! m'écriai-je, ils veulent donc nous
retenir prisonniers?

— Non, me répondit-il; mais ils craignent que
nous ne rencontrions des Espagnols, à qui nous
ferions connaître le départ de leurs guerriers et la
direction qu'ils ont prise, ce qui pourrait faire
manquer leur expédition. Maintenant, mon cher
ami, nous n'avons rien de mieux à faire que de

patienter encore, car il serait inutile de tenter de nous mettre en route malgré eux; nous serions arrêtés par toute la population du village, vieillards, femmes et enfants, et nous nous exposerions à des désagréments qu'il est prudent d'éviter. »

Je fus bien forcé de me soumettre à ce nouveau retard, et de compter avec impatience les heures qui s'écoulaient lentement. Un incident inattendu vint tout à coup changer ma position.

Il y avait à peu près huit jours que l'expédition était partie, lorsque je fus réveillé au milieu de la nuit par des cris et des explosions réitérées de coups de fusil. Je me précipitai en bas de mon hamac et déjà je trouvai Gournay debout, l'oreille au guet, qui écoutait attentivement ce qui se passai.

« Monsieur, me dit-il, le village est attaqué par des soldats espagnols venus je ne sais d'où; tâchons de ne pas être enveloppés dans la bagarre, car dans ces occasions-là on ne fait guère de quartier, et l'on ne distingue souvent ni amis ni ennemis, ni peaux blanches ni peaux rouges. »

La case que nous occupions était isolée du groupe des autres habitations, du côté desquelles

se faisait entendre le tumulte qui nous avait ré-
veillés. J'écartai la natte qui me servait de porte
et de croisée; et une vive clarté, produite par
l'incendie des habitations du village, me fit voir
une de ces scènes d'horreur et de carnage si fré-
quentes à cette époque sur ces frontières. Des
femmes, des enfants, des vieillards, qui cher-
chaient à fuir de leurs maisons en flammes,
étaient poursuivis à coups de fusil, et impi-
toyablement massacrés.

Cependant, en examinant avec plus d'attention
ce qui se passait, je remarquai que les Espagnols
ne tuaient pas indistinctement tous les Indiens;
que ceux qu'ils pouvaient prendre vivants étaient
amenés comme prisonniers dans un groupe qui
se trouvait sur la place du village, où des soldats
étaient chargés de les garder. Non loin de ce
groupe, on voyait monté sur un beau cheval un
officier espagnol portant les insignes de colonel
des dragons. C'était lui qui paraissait donner des
ordres, et à chaque instant des officiers venaient
lui parler, et repartaient ensuite dans diverses
directions.

Mon parti fut pris à l'instant. Je sortis de ma
hutte avec Gournay, et je m'avançai sans armes
vers le colonel, en agitant à la main un mou-
choir blanc en signe de mes intentions paci-

7*

fiques. En nous voyant approcher, le colonel
envoya un sous-officier pour nous reconnaître. Je
lui dis que je désirais parler à son chef.

Le sous-officier me prit pour un Espagnol,
et fit son rapport en ce sens. Le colonel me fit
aussitôt signe d'approcher, et en quelques mots
je lui expliquai comment je me trouvais au milieu
des Comanches. « C'est bien, *senor*, me répondit-
il; vous me donnerez de plus amples explications;
restez auprès de moi jusqu'à ce que notre besogne
soit finie. »

L'œuvre de destruction dura le reste de la
nuit; au lever du soleil le village n'était plus
qu'un monceau de cendres, autour duquel
étaient éparpillés çà et là des cadavres san-
glants.

Le colonel fit reposer sa troupe, et je l'enga-
geai à venir lui-même établir son quartier dans
ma cabane, la seule du village qui eût été pré-
servée de l'incendie, grâce au sous-officier qui
était venu me reconnaître, et qui avait empêché
les soldats de la piller et de la brûler comme les
autres.

Il accepta, et, tandis qu'il prenait quelque re-
pos, je lui racontai en détail toute mon histoire.
Dès que je lui eus dit que j'étais Français :
« Eh bien! me dit-il, parlez-moi dans votre

langue, je la comprends et je la parle aussi bien
que l'espagnol. » Et c'était la vérité. A partir de
ce moment toute notre conversation eut lieu en
français; il le parlait, en effet, très purement, et
seulement avec un léger accent méridional, moins
prononcé toutefois que chez beaucoup de Français
de la Provence ou du Languedoc.

« Vous êtes fort heureux, me dit-il quand j'eus
terminé mon récit, que nous soyons venus vous
délivrer; car jamais les Comanches ne vous auraient laissé retourner de plein gré dans les possessions américaines ou anglo-mexicaines. Ils
auraient cherché d'abord à vous fixer parmi eux,
en vous offrant toutes sortes d'appâts pour vous
engager à embrasser leur genre de vie; puis, si
vous aviez résisté à leurs sollicitations, et qu'ils
eussent reconnu l'impossibilité de faire de vous
un renégat, ils se seraient défaits de vous sous
un prétexte ou sous un autre, ou même sans aucun prétexte. »

Je n'étais qu'à demi convaincu des assertions
du colonel, quoique plusieurs faits que je me
rappelai alors leur donnassent une apparence de
réalité. Je parus croire tout ce qu'il me disait,
et je lui témoignai ma gratitude pour mon heureuse délivrance. Je lui demandai ensuite s'il
pouvait mettre le comble à ses bontés en m'ai-

dant à continuer mon voyage si fatalement inter-
rompu.

« Pour cela, me répondit-il, la chose me paraît
facile. Je vais envoyer au Texas les prisonniers
de ce village avec une escorte composée de tous
mes fantassins. Quant à moi, avec mes cavaliers
je vais marcher à la rencontre des Comanches et
des Apaches, partis d'ici il y a une quinzaine de
jours, et qui ont dû trouver à qui parler là où ils
se sont présentés. Ils doivent être poursuivis
vigoureusement dans ce moment-ci par un détachement de troupes qui était prévenu de leur
expédition. Nous espérons les mettre entre deux
feux, et en finir, au moins pour quelque temps,
avec ces intraitables ennemis. »

J'appris alors qu'effectivement le corps de
troupes qui avait été envoyé au Texas pour nous
expulser du Champ d'Asile, après avoir appris
notre retraite volontaire, avait été employé à
poursuivre jusque sur leur territoire les *Indios
bravos* qui infestaient les frontières des possessions espagnoles.

L'expédition des guerriers comanches et apaches sur le Rio del Norte et dans la vallée du
Nouveau-Mexique avait été connue du général en
chef, et tandis qu'une partie de son corps d'armée s'était portée rapidement de ce côté pour

protéger les points qui allaient être attaqués une autre était venue ravager le principal village des Comanches, sachant qu'il était dégarni de ses défenseurs.

Cette combinaison du général espagnol eut un plein succès, comme je l'ai appris plus tard. Les Comanches et les Apaches furent, dans cette circonstance, complètement défaits; mais ce n'était qu'une faible partie de ces deux nations : loin donc de regarder leur insuccès comme une leçon, ils n'en ressentirent que plus vivement le désir de la vengeance, et ne s'en livrèrent qu'avec plus d'ardeur à de sanglantes représailles.

Pour moi, je profitai de l'offre du colonel espagnol. Je me procurai facilement deux bons chevaux parmi le butin qu'avaient fait les dragons, et je les leur payai un prix raisonnable.

Nous partîmes, Gournay et moi, avec le convoi des prisonniers. Les deux officiers qui commandaient l'escorte, un prisonnier et un lieutenant, étaient seuls montés. Je marchai avec eux, et leur conversation, qui ne manquait pas d'intérêt, m'abrégea les longueurs de cette route faite lentement et à petites journées. Plusieurs fois j'eus le bonheur d'adoucir les rigueurs dont les prisonniers étaient l'objet de la part des soldats, et même

je fus chargé de leur annoncer un jour, par l'intermédiaire de Gournay, qu'ils ne tarderaient pas à
être rendus à la liberté.

En effet, malgré le peu de succès de leur expédition, les Comanches avaient réussi à faire un
certain nombre de prisonniers. En se voyant poursuivis de près par les troupes espagnoles, ils
étaient sur le point de les égorger, lorsque le commandant leur fit dire qu'il avait lui-même entre
ses mains des prisonniers de leur nation, et que,
s'ils voulaient les échanger, on suspendrait les
hostilités.

Après quelques pourparlers, les Comanches
acceptèrent, et le traité fut conclu. Avis en fut
aussitôt donné par un exprès au capitaine de notre
escorte, et, comme je l'ai dit, cette bonne nouvelle
fut annoncée aux prisonniers par Gournay et par
moi. Ces pauvres gens nous embrassaient les genoux, et ne savaient comment nous témoigner
leur reconnaissance.

Le lendemain, le lieutenant, avec une partie
de l'escorte, retourna en arrière pour conduire les prisonniers au lieu indiqué pour l'é-
change.

Le capitaine et le reste du détachement continuèrent avec nous leur route vers le sud. Quand
nous fûmes arrivés à peu près vers le point où je

m'étais séparé de mes camarades, le capitaine me dit qu'effectivement je n'avais qu'une faible distance pour atteindre la Louisiane, et que si je voulais payer un guide pour aller jusqu'à Nachitoches, un des soldats de sa compagnie pourrait m'en servir.

J'acceptai avec empressement. Je serrai cordialement la main au capitaine espagnol, et nous nous quittâmes.

CHAPITRE X

Je marchais gaiement, heureux de me retrouver libre, et d'atteindre bientôt un pays où je n'aurais plus le triste spectacle de la vie sauvage, où je verrais, au lieu du désert, des champs cultivés par un peuple industrieux, et où je pourrais enfin correspondre avec mes amis. Gournay ne partageait pas mon enthousiasme, et ce n'était pas sans un sentiment de regret qu'il jetait de temps en temps un regard en arrière sur cette vaste prairie solitaire qu'il avait parcourue pendant tant d'années, où il avait éprouvé tant d'émotions de toute nature, et que peut-être il ne

reverrait jamais ; car le bonhomme s'était attaché
à moi comme à un fils qu'il eût retrouvé après
une longue absence, et il avait juré de ne pas
me quitter tant que je voudrais le souffrir dans
compagnie.

Jamais, pendant sa longue et aventureuse existence, Gournay ne s'était fié à personne, et il y
avait quelque chose d'extraordinaire dans cette
affection subite, vouée à un étranger que le hasard
lui avait fait rencontrer. Cela prouve que l'isolement dans lequel il avait vécu si longtemps
n'avait pas étouffé dans son cœur les sentiments
que Dieu a placés chez tous les hommes, et qu'une
occasion suffisait pour les faire éclater. Quant à
moi, j'étais singulièrement touché du dévouement
de ce brave homme, et je lui promis bien que tant
qu'il se plairait avec moi, nous ne nous sépare-
rions pas.

« Oh ! en ce cas, me répondit-il, je resterai
avec vous jusqu'à la mort ; mais, ajouta-t-il après
un moment de réflexion, ne craignez pas que je
vous sois à charge. Le vieux trappeur, fit-il en
baissant la voix comme pour ne pas être entendu
de notre guide, a encore des moyens d'existence
à lui connus, et il ne coûtera jamais rien à personne. D'ailleurs il ne saurait l'être bien longtemps, le jarret n'est plus aussi flexible, la vue

commence à s'affaiblir et le jour approche où il
faudra aller rendre ses comptes au Grand-Esprit,
comme disent les Indiens.

— Allons, père Gournay, repoussez ces idées
noires; vous êtes encore solide, et j'espère bien
que nous ferons ensemble quelques parties de
chasse.

— Oh! oui, peut-être bien serais-je encore
capable de chasser comme on fait dans les pays
civilisés, avec des chiens qui arrêtent le gibier
ou le ramènent sous le nez du chasseur. Oui,
je pourrais bien tuer ainsi quelques lièvres ou
quelques perdrix; mais ce n'est pas là ce que
j'appelle la chasse. Pour moi, poursuivre le buffle,
l'élan ou l'ours gris à travers la grande prairie,
tendre des trappes pour prendre des castors sur le
bord des lacs ou des étangs, traverser les forêts
ou les montagnes, et passer des mois entiers à
suivre la piste du gibier dans ses retraites les plus
inaccessibles : voilà ce que j'appelle la chasse, la
véritable chasse, et celle-là, je le sens, ajouta-t-il
avec un profond soupir, m'est désormais inter-
dite. »

Nous passions ainsi à causer une partie de nos
journées, et le temps me paraissait moins long
d'une halte à l'autre.

Nous avions déjà dépassé les frontières du Texas,

et nous étions sur le territoire de la Louisiane,
que je ne m'étais pas aperçu du changement
de pays. C'étaient toujours des prairies désertes
et où l'on n'apercevait que des antilopes et des
troupeaux de daims qui s'enfuyaient à notre
approche.

Enfin, après une première journée de marche,
nous commençâmes à rencontrer des habitants,
puis à voir çà et là des plantations de diverses
natures, des terrains cultivés, puis des fermes
et des villages. La route était aussi mieux tra-
cée, et désormais nous pouvions nous passer de
guide.

Vers le soir, nous allâmes demander l'hospitalité à une habitation d'assez belle apparence,
qui se trouvait à droite de la route. Nous fûmes
accueillis par les maîtres avec une affabilité charmante; car personne n'exerce l'hospitalité avec
plus de cordialité que les Louisianais. Le mari
était anglo-américain et se nommait M. Brown;
la femme était créole française de la Nouvelle-
Orléans. Nous nous trouvâmes là comme en famille.

Le costume excentrique de Gournay avait bien
un peu excité d'abord la surprise et l'hilarité des
enfants; mais quand j'eus raconté mon histoire et
la manière dont je l'avais rencontré, on lui fit le
même accueil qu'à moi.

Je couchai dans un bon lit, ce qui ne m'était
pas arrivé depuis que j'avais quitté Baltimore;
aussi je dormis profondément jusqu'à l'heure où
Gournay vint me réveiller.

Nous devions partir de bonne heure, afin d'arriver le jour même à Nachitoches. J'avais renvoyé
mon guide, dont nous n'avions plus besoin, et
qui n'aurait fait que nous retarder, parce qu'il
était à pied, et que nous voulions presser l'allure
de nos chevaux.

M. Brown nous reconduisit à cheval jusqu'à une
certaine distance, et nous dit, en nous quittant,
qu'à vingt milles environ, nous trouverions une
vallée charmante, où il nous engageait à faire
notre halte de midi.

Nous nous mîmes en route, et après quatre
heures de marche nous arrivâmes sur une petite
éminence qui dominait la vallée dont nous avait
parlé M. Brown. Mais quel fut mon étonnement
d'apercevoir dans ce lieu, que je croyais désert,
une ville, ou plutôt un camp couvrant les deux
rives d'une jolie rivière qui traversait la vallée!

De nombreuse tentes étaient dressées derrière
la plaine, des wagons étaient rangés derrière les
tentes, des troupeaux de bœufs et de chevaux
paissaient aux alentours; des colonnes de fumée
s'élevaient sur plusieurs points, indiquant sans

doute les cuisines improvisées de cette cité no-
made. Une foule de nègres étaient réunis près
d'un bosquet de peupliers, et se livraient au plaisir de la danse. On entendait le son des instruments et les joyeux éclats de voix des danseurs.
Quelques hommes blancs, en veste de nankin,
portant un large sombrero, regardaient ce bal
bruyant, tout en fumant leurs cigarettes et en
paraissant causer ensemble.

Je hâtai le pas de mon cheval pour voir de
plus près ce spectacle inattendu. « Oh! me dit
Gournay, c'est une caravane d'émigrants américains; j'en ai souvent rencontré de semblables
dans les prairies de l'Ouest.

— Je ne suis pas fâché d'en rencontrer une
aussi, répondis-je; ce doit être fort intéressant. »
En disant ces mots je dirigeai mon cheval vers
un groupe de quelques promeneurs, qui, nous
ayant aperçus, s'étaient arrêtés et paraissaient
attendre.

Arrivé à quelques pas d'eux, je les saluai, et
je commençais à leur parler, quant je fus inter-
rompu tout à coup par cette exclamation : « Eh!
Dieu me pardonne! c'est le capitaine ***, si toutefois ce n'est pas son ombre. »

Je jetai un coup d'œil sur celui qui venait de
parler, et qui déjà s'approchait en me tendant la

main. « Quoi! c'est vous, mon cher Collin! »
m'écriai-je à mon tour; puis je sautai à bas de
mon cheval et me précipitai dans ses bras.

Après les premières étreintes, Collin, encore
tout ému, ne cessait de répéter : « Comment!
vous n'êtes pas mort! Nous vous avions cru dévoré par les sauvages ou par les bêtes féroces. Et
comment avez-vous fait pour échapper ?

— Je vous conterai cela , c'est une longue histoire. »

Les autres promeneurs nous entouraient en silence, et paraissaient suivre cette scène avec le
plus vif intérêt. L'un d'eux fit signe à Collin,
qui le comprit; et, me prenant la main, il dit
en se tournant vers ceux qui l'accompagnaient :
« Permettez-moi, Messieurs, de vous présenter
mon brave ami M***, ancien capitaine au service de Napoléon, ancien réfugié du Texas, que
nous avons tous cru mort, et dont vous nous avez
souvent entendu parler, M. Tournel et moi. »
Puis il me nomma ces messieurs, parmi lesquels
je ne citerai que le nom de Stephen Austin, citoyen
du Missouri, dont j'aurai bientôt occasion de vous
reparler.

Cette formalité remplie, formalité aussi indispensable pour les Anglo-Américains au milieu
du désert que dans un salon, je trouvai de la

part des compagnons de Collin autant d'empressement et de bienveillance que j'aurais pu en dé-
sirer d'anciens amis rencontrés après une longue
absence.

Nous reprîmes tous ensemble à pied le chemin
du camp, laissant à Gournay le soin de conduire
mon cheval.

Dès qu'il me fut possible, après les félicitations
que m'adressaient ces messieurs, de placer moi-
même un mot, je dis à Collin : « Vous avez parlé
tout à l'heure de M. Tournel : y a-t-il longtemps
que vous ne l'avez vu?

— Je l'ai quitté il y a environ une heure, me
dit-il en souriant.

— Une heure! Il est donc ici? Allons, condui-
sez-moi promptement vers lui.

— Mais nous sommes dans le chemin, et je
vous y conduisais. Seulement je voulais vous mé-
nager une surprise; mais je me suis trahi en ré-
pondant étourdiment à votre question.

— Hâtons le pas, je vous prie : il me tarde tant
de l'embrasser!

— Ma foi, nous n'aurons pas à aller bien loin;
car je l'aperçois qui s'avance de notre côté, comme
s'il venait à notre rencontre. »

En un instant nous fûmes auprès de lui.

« Voyons, lui dit Collin en l'abordant, si vous reconnaîtrez ce revenant. »

M. Tournel me regarda quelques instants, puis s'écria avec un accent qui partait du cœur : « Oh ! oui, je le reconnais, quoiqu'il soit bien changé. » Et il me tendit les bras, et me serra sur son cœur avec une tendresse toute paternelle.

J'éprouvais une émotion telle que je ne pouvais parler, et je me contentais de lui presser les mains en silence.

Dès que je fus un peu plus calme, je lui demandai des nouvelles de sa famille. « Elle se porte bien, me répondit-il ; mais vous pourrez en juger par vous-même dans un instant.

— Comment ! Mme Tournel est ici ?

— Mais oui, Mme Tournel et tous ses enfants, à l'exception de William, qui est resté avec son oncle à Baltimore, où ils continuent notre maison de commerce.

— Et comment se fait-il que je vous retrouve au milieu des déserts, à deux cents myriamètres de chez vous ?

— Bah ! on voit bien que vous ne connaissez pas le caractère américain. Les distances ne nous effrayent guère ; mais ceci demanderait de trop longues explications pour le moment. Commençons par aller voir ma femme, qui vous croyait si

positivement mort, qu'elle a fait dire des messes
pour le repos de votre âme; plus tard, nous cau-
serons. »

Il me conduisit à une tente de belle apparence,
qui servait de résidence à sa famille. Je fus reçu
avec autant de joie que de surprise par Mme Tournel et ses enfants.

Après les premiers moments donnés au plaisir
de se revoir, il me fallut raconter mon histoire
d'un bout à l'autre. Quand j'eus terminé, je répé-
tai à mon tour la question que j'avais adressée à
M. Tournel.

« Vous voyez, mon cher ami, me répondit-il,
le commencement de l'exécution du projet dont
je vous ai souvent entretenu, et que j'aurais
réalisé avec vous, si l'entreprise de MM. Lallemand m'avait paru offrir des chances de succès.
Nous allons fonder une colonie au Texas; seulement nous avons pris, pour réussir, toutes les
précautions et tous les moyens de succès qu'a-
vaient négligés vos anciens chefs. Il est vrai,
peut-être, comme cela arrive souvent dans les
premières tentatives de toute espèce, que leurs
fautes nous ont éclairés et nous ont indiqué la
véritable marche à suivre.

« Quand je dis nous, il faut rendre justice à
qui de droit. L'initiative de cette entreprise ne

8

m'appartient pas, et quand je vous écrivais que
je n'avais pas perdu espoir de former un jour
un établissement au Texas, le fait est que je ne
regardais cet espoir que comme un de ces rêves
dont on aime parfois à se bercer l'imagination,
mais sans croire qu'ils se réaliseront jamais. Eh
bien, ce rêve est devenu une réalité au moment
où je m'y attendais le moins.

« M. Moses Austin, du Missouri, le père du
jeune homme qui se trouvait avec Collin lorsque je vous ai rencontré, avait eu les mêmes
idées que moi ; mais il ne les a pas réduites à
de simples combinaisons, il les a traduites en
faits qui ont pris une consistance sérieuse, et
qui sont présentement en bonne voie d'exécution.

« Dès qu'il a eu connaissance du traité entre
les États-Unis et l'Espagne relativement à la
propriété du Texas, il s'est adressé au cabinet
de Madrid pour lui demander l'autorisation de
conduire dans ce pays trois cents familles catholiques des différents États de l'Union, auxquelles le gouvernement espagnol accorderait
des terrains en quantité suffisante pour y fonder des établissements agricoles. Cette demande
a été parfaitement accueillie par l'Espagne ; elle
n'y a mis d'autre réserve que l'exécution stricte

de la condition de catholicité des nouveaux colons.

« M. Moses Austin est parti sur-le-champ pour
choisir l'emplacement de la nouvelle colonie. Pendant ce temps-là, son fils parcourait la Louisiane,
la Floride, les deux Carolines, la Virginie et le
Maryland, et enrôlait des colons ou plutôt des
associés à l'entreprise de son père.

« Pendant cette tournée, il rencontra notre
ami Collin, et n'eut pas de peine à le décider.
Celui-ci à son tour lui parla de moi, et quand
M. Stephen Austin vint à Baltimore, il se mit
immédiatement en rapport avec moi. Je con-
naissais de réputation son père, je savais qu'il
avait organisé et dirigé d'importantes exploitations de mines ou d'agriculture dans son pays
natal, le Missouri, et dans la Louisiane; dans ces
diverses opérations il avait fait preuve de grands
talents et d'une haute capacité. Après avoir pris
connaissance de ses plans et de ses moyens d'exécution, j'ai reconnu que son entreprise, fondée
sans éclat, tout modestement et par les voies
légales, avait des chances infaillibles de succès.
Alors je n'ai pas hésité à m'y associer; bon
nombre de pères de famille ont suivi mon
exemple, et vous nous voyez en route pour notre
terre promise.

— Mais, dis-je, est-ce que je ne pourrais pas entrer dans cette association?

— Comment! reprit vivement M. Tournel, mais j'y compte bien; j'y ai même toujours compté, car, malgré les bruits qui ont couru, je n'ai jamais cru à votre mort, et j'ai toujours conservé l'espoir que nous nous reverrions un jour.

« En effet, quand le bruit de votre mort s'est répandu à Baltimore, le consul de France voulait retirer de la banque les fonds que vous y avez encore, pour les conserver, disait-il, à vos héritiers; je me suis opposé à cette mesure, en qualité de votre mandataire, soutenant que vous n'étiez point mort, qu'aucune preuve suffisante n'établissait votre décès, et que jusque-là vos fonds resteraient à la banque où vous les aviez déposés. La justice, — nous avons été obligés de plaider, — me donna raison, et votre argent est resté dans la caisse de la banque, qui vous le restituera quand vous le voudrez, avec les intérêts accumulés depuis le jour du dépôt.

— Je vous remercie, mon cher ami, répondis-je; mais je pense que je ferais bien de les retirer immédiatement, car je ne veux pas entrer dans votre association, tout à fait les mains vides. »

CHAPITRE XI

Je m'associe avec les émigrants, et je retourne avec eux au Texas. — Notre établissement sur le Rio-Brazos. — La guerre de l'indépendance. — Prospérité du Texas.

Nos arrangements furent bientôt terminés. M. Tournel me présenta à tous les autres émigrants, qui me firent l'accueil le plus cordial. Le soir, on se réunit dans un grand banquet pour fêter mon admission au sein de la société; il y eut ensuite un thé, et une espèce de bal improvisé; car la plupart des émigrants, comme M. Tournel, avaient leur famille avec eux. Le lendemain, nous décampâmes et nous reprîmes la route du Texas.

Le vieux Gournay était heureux de retourner dans ses déserts. Ce n'était qu'à regret qu'il avait consenti à me suivre dans les pays civilisés, où il pensait que je devais me fixer; maintenant qu'il allait revoir sa chère prairie, où il pourrait encore de temps en temps chasser le buffle ou l'antilope, il se sentit rajeuni de dix ans.

Dans le récit que j'avais fait de mes aventures et de mon séjour chez les sauvages, on pense bien que le vieux Canadien n'avait pas été oublié; aussi, à compter de ce moment, il fut l'objet d'une bienveillance marquée de la part de tout le monde, et surtout de la part de Mme Tournel et de ses enfants. Elle l'appelait son compatriote; cela flattait vivement le bonhomme, qui prétendait que son grand-père avait habité longtemps l'Acadie avant de venir se fixer dans le haut Canada. Le fait est que la manière de parler le français, certaines locutions et l'accent bas-normand décelaient entre le père Gournay et Mme Tournel une communauté d'origine incontestable.

Notre marche était très lente, à cause de tout l'attirail que nous traînions après nous. A peine faisait-on vingt à vingt-cinq kilomètres par jour, et chaque dimanche on séjournait, quelquefois même plus souvent.

Ce ne fut guère qu'au bout d'un mois à partir du jour où j'avais rencontré la caravane, que nous parvînmes sur les bords du Brazos, à l'endroit où nous attendait M. Moses Austin, et qu'il avait fixé pour fonder son premier établissement. Nous voilà donc installés. Les débuts de notre établissement furent pénibles; mais avec de la persévérance nous avons vus nos efforts couronnés des plus heureux succès.

Peu de temps après notre arrivée, j'épousai la fille aînée de M. Tournel, Mlle Éléonore, qui n'était encore qu'une enfant de quatorze à quinze ans quand je l'avais connue à Baltimore. Cette alliance ne fit que resserrer l'affection toute filiale que je portais depuis longtemps à M. et à Mme Tournel.

La plantation de Collin était contiguë à la nôtre; l'exploitation des deux propriétés se fit en commun, sous la direction de mon beau-père et de Collin, aidés du fils aîné de ce dernier et de moi, qui ne tardai pas acquérir les connaissances nécessaires à mon nouvel état.

Plusieurs établissements de nos voisins eurent à souffrir pendant les premières années des déprédations causées par les sauvages. Les nôtres en furent exempts, grâce à la vigilance et à l'adresse du père Gournay, que nous avions nommé notre garde général, et qui nous rendit de véritables services, soit en déjouant les ruses des Comanches, soit en leur faisant entendre qu'il était de leur intérêt de vivre en paix avec nous.

Dans la suite, deux filles de M. Collin épousèrent deux fils de M. Tournel; de sorte que nos

deux familles n'en firent, pour ainsi dire, qu'une,
dont l'union s'est continuée jusqu'à ce jour, et
n'a pas peu contribué à notre prospérité com-
mune.

Une perte douloureuse que nous éprouvâmes
encore au début fut celle de Moses Austin, le
fondateur de la nouvelle colonie. Mais ses fils,
Stephen et John, continuèrent son œuvre avec
cette persévérance et cette énergie qui assurent le
succès des entreprises de cette nature.

Nous étions à peine établis au Texas, que le
Mexique secoua définitivement le joug de l'Espagne et proclama son indépendance. Le nouveau
gouvernement confirma aux fils de M. Austin les
concessions faites à leur père par le gouvernement
espagnol, et bientôt de nouveaux colons vinrent
des États-Unis se joindre à nous ou se répandre
dans les autres parties du Texas.

Quand le Mexique se constitua en république
fédérative sur le modèle des États-Unis du Nord,
on ne jugea pas le Texas assez puissant pour
former un État séparé; on le réunit à la province
de Cohahuila, pour former l'État de *Cohahuila-y-
Texas.*

Mais au bout de six ans nos-établissements
avaient tellement prospéré, notre population s'é-
tait tellement accrue, que le Texas était devenu

deux ou trois fois plus peuplé que le Cohahuila,
auquel nous étions annexés.

Nous demandâmes alors à former un État séparé ; mais le Mexique, au lieu de nous admettre
dans sa confédération, eut recours aux plus vio-
lents moyens pour nous forcer à rester une annexe
du Cohahuila, ou, pour mieux dire, comme s'il
avait honte de ses craintes, ce fut par surprise
que le gouvernement mexicain tenta de détruire
cette nouvelle colonie : ainsi, sous divers pré-
textes, il envoya dans le Texas de petits détache-
ments, et bientôt, à l'insu des Texiens, toutes
les places fortes de leur territoire se trouvèrent
occupées par des garnisons mexicaines. Alors les
vexations des autorités mexicaines redoublèrent ;
elles excitèrent un mécontentement général, qui
se traduisit bientôt en une révolte ouverte.

Au commencement de l'année 1832, cent dix-
sept colons prenaient les armes avec John Austin
à leur tête, et s'emparaient du fort de Valasco ;
quelque temps après, les colons de Nacogdoches
attaquèrent la forteresse de ce nom, la prirent et
en chassèrent la garnison mexicaine. A la fin de
1832, il ne restait pas un soldat mexicain au
Texas. Alors nous nous réunîmes en convention
dans la ville naissante de San-Felipe de Austin,
et nous rédigeâmes une pétition au gouvernement

de Mexico pour demander notre séparation d'avec
l'État de Cohahuila. Le général Stephen Austin
alla présenter cette pétition à Mexico et enta-
mer des négociations. Celles-ci n'allant pas assez
vite à son gré, il partit de Mexico pour retourner
au Texas. Mais, arrêté à cent myriamètres de
Mexico, il fut reconduit dans cette ville et jeté
dans les prisons, où il resta jusqu'en 1835. La
liberté lui fut alors rendue, parce qu'on ne le
croyait ni assez énergique pour diriger une insurrection, ni assez influent pour en arrêter les
progrès.

Le retour de Stephen Austin au milieu de nous,
sa résolution calme et ferme, nous remplirent de
confiance. Une assemblée générale se constitua à
San-Felipe, et en onze jours elle régla tout ce
qui était urgent pour la défense du pays; une déclaration solennelle fut adoptée, dans laquelle
étaient exposés, en termes fermes et mesurés, les
motifs qui engageaient le peuple texien à prendre
les armes; Stephen Austin fut envoyé aux États-
Unis pour réclamer leur appui, et le commande-
ment général des troupes fut confié à Samuel
Houston, qui me choisit pour son aide de camp.

La campagne s'ouvrit par un de ces actes de
courage héroïque qui transportent d'enthousiasme
une nation et la rendent capable des plus grandes

choses. La ville de Bejar était occupée par le
général mexicain Cos, qui avait sous ses ordres
une garnison de quinze cents hommes de bonnes
troupes. Les Texiens l'assiégèrent; mais, manquant du matériel de guerre nécessaire pour
prendre une ville défendue par une garnison nombreuse et disciplinée, ils étaient sur le point de
lever le siège après plusieurs tentatives infruc-
tueuses, lorsqu'un de ces hommes résolus dont
le courage grandit avec les obstacles promit
d'enlever la place, si trois cents de ses concitoyens
déterminés et ne craignant pas la mort voulaient
le suivre. Cet homme était l'intrépide Milans,
dont la bravoure avait déjà rendu le nom populaire. En un instant il eut recruté les trois cents
volontaires qu'il demandait. Milans se mit à
leur tête et tint parole. La ville fut prise, la
citadelle même capitula, et le général Cos, à la
tête de quinze cents Mexicains, défila devant
la petite troupe de Milans réduite de moitié,
et dont le chef lui-même avait trouvé une mort
glorieuse au milieu de son triomphe. Les Texiens
ont surnommé Milans leur Léonidas, et, pour
honorer sa mémoire, ils ont donné son nom à
l'un des trente-deux comtés dont se compose leur
république.

Le président mexicain Santa-Anna sentit vive-

ment l'affront que venaient de recevoir les armes
mexicaines; il résolut d'en tirer une vengeance
éclatante, et, le 21 février, il entrait sur le territoire texien avec une armée de six mille hommes
divisée en trois corps. A cette nouvelle, les
Texiens se rassemblèrent de nouveau en convention à Washington, sur le Rio-Brazos, et
votèrent par acclamation l'indépendance absolue
du Texas.

Cependant Santa-Anna attaque Bejar, et re-
prend cette ville sur une garnison de cent quatre-
vingts hommes qui se font tuer dans le fort
d'*Alamo* jusqu'au dernier, après avoir tué eux-
mêmes quinze cents Mexicains. « Encore une
victoire pareille, dit à cette occasion Santa-
Anna, et c'est fait de nous! » Mais ces paroles
eussent mieux été appliquées à la prise de Goliad : cette ville ayant capitulé après une hono-
rable défense, Santa-Anna, qui se trouvait alors
à Bejar, viola indignement la capitulation en or-
donnant le massacre des prisonniers, au nombre
de quatre cents.

Cette horrible trahison ne fit qu'enflammer le
courage des colons; aussi, tandis que Santa-Anna
nous croyait abattus et se disposait à pénétrer
dans le pays pour en prendre possession, l'armée commandée par Houston se présenta à sa

rencontre, le 20 avril 1836, dans la plaine de San-Jacinto. Le lendemain, Santa-Anna, qui venait d'opérer sa jonction avec le corps commandé par le général Cos, se disposa à nous attaquer. Nous marchâmes nous-mêmes à sa rencontre, en gardant un profond silence. Quand nous fûmes arrivés à une petite distance de l'ennemi, le général Houston s'écria : « Amis, souvenez-vous d'Alamo! » A ce cri de vengeance un feu terrible porte le désordre dans les rangs mexicains; sans leur donner le temps de se reconnaître, nous les abordons à la baïonnette, et nous les culbutons sur tous les points. Le carnage fut horrible; en dix-huit minutes nous étions maîtres de l'artillerie, des bagages et des drapeaux de l'ennemi. La moitié de l'armée mexicaine resta sur le champ de bataille, l'autre moitié déposa les armes.

J'avais assisté à bien des combats pendant les sept années que j'avais servi dans les armées de l'empire, et jamais je n'avais été témoin d'un tel entrain, d'une pareille ardeur. Je me sentais rajeuni de vingt ans. Nos Texiens étaient de vrais héros. Ce qu'il y a de merveilleux dans ce fait d'armes, et ce qui prouve que l'ennemi ne songea pas même à nous opposer la moindre résistance, c'est que nous n'eûmes que deux soldats tués et vingt-trois blessés.

Santa-Anna avait pris la fuite dès le commencement du combat. Le lendemain on le trouva tout tremblant caché dans les hautes herbes de la prairie; il baisa la main du pauvre soldat qui le rencontra, et chercha à corrompre les autres en leur offrant de l'or et des bijoux. N'y pouvant parvenir, il se mit à pleurer. Conduit devant Houston, il lui dit avec emphase : « Vous n'êtes pas né pour les choses ordinaires, vous avez vaincu le *Napoléon de l'Ouest*. » Comme il avait la conscience chargée du massacre de Goliad, il craignait fort qu'on ne lui en demandât compte; mais, soit commisération, soit politique, Houston lui promit de le protéger.

Telle fut l'issue de cette guerre, qui assura l'indépendance du Texas.

La victoire de San-Jacinto avait donné à Houston une popularité qui éclipsait celle d'Austin, fondateur de la nationalité texienne. Il fut élu président de la république en septembre 1836, et son nom fut donné à la ville qui devait être le chef-lieu de la république.

Les États-Unis reconnurent immédiatement le Texas comme république indépendante. En 1839, la France imita cet exemple, qui fut suivi par l'Angleterre, la Hollande et la Belgique.

En 1846, le Texas a été admis dans la confé-

dération des États-Unis de l'Amérique du Nord,
et sa prospérité n'a fait que s'accroître depuis
cette époque.

J'en pourrais dire autant de notre établissement fondé par MM. Tournel et Collin, malgré
les pertes considérables que nous avons quelquefois essuyées, et les mécomptes qui accompagnent
toujours ces sortes d'établissements dans leur origine. Une de ces pertes irréparables fut la mort
de mon beau-père, M. Tournel, survenue quelques jours après la proclamation de l'indépendance
du Texas; et, comme un malheur n'arrive jamais
seul, cette mort fut suivie de près par celle de
M. Collin, de sorte que je me trouvai seul chargé
de la direction de notre exploitation. Malgré
l'expérience que j'avais acquise depuis plus de
quinze ans, cette tâche eût été au-dessus de mes
forces, si je n'avais été puissamment secondé
par mon beau-frère, le gendre de M. Collin.
Bientôt aussi mon fils aîné me vint en aide, et
depuis une dizaine d'années il m'a entièrement
remplacé.

Je vis maintenant tout à fait en gentilhomme
campagnard, dans une jolie habitation que je
me suis fait construire sur les bords du Rio-Brazos. Ma femme veille à l'éducation de ses plus
jeunes enfants et de nos petits-enfants; car mon

fils aîné est marié, et a déjà de la famille.

Ma belle-mère, Mme Tournel, quoique très âgée, est encore d'une santé florissante, et partage avec sa fille les soins à donner aux enfants. Nous parlons souvent ensemble de son compatriote le vieux Gournay, qu'elle affectionnait beaucoup, et qui est mort il y a une vingtaine d'années, ayant institué Mme Tournel son héritière, à condition qu'elle ferait dire des messes pour le repos de son âme. La succession du bonhomme était plus considérable qu'on ne l'aurait cru; elle consistait en un petit sac de cuir, qui ne le quittait jamais, et qui contenait en poudre d'or recueillie dans son commerce une valeur de quatre à cinq cents piastres.

Mme Tournel, qui avait contribué par ses exhortations à ramener le vieux trappeur à des principes et à des sentiments religieux, à le déterminer à se confesser et à recevoir les sacrements avant sa mort, accepta la succession, et remplit scrupuleusement les intentions du testateur.

Un des grands chagrins de ma belle-mère pendant les premières années de notre séjour au Texas, était l'absence de prêtres catholiques dans nos environs. Il fallait faire un voyage long et pénible, quelquefois même dangereux, pour assister aux offices divins, soit à San-Antonio de

Bejar, soit à Nacogdoches, les seuls endroits où il
y eût des prêtres catholiques.

Il est encore à remarquer que la condition, im-
posée dans le principe, de n'introduire au Texas
que des familles catholiques, n'a été observée que
pour les premiers émigrants. Ceux qui les ont suivis appartiennent à toutes les variétés de sectes
qui pullulent aux États-Unis.

Enfin, après la déclaration d'indépendance
du Texas, des missionnaires lazaristes français
vinrent s'y établir. Ce fut pour nous tous, et surtout pour ma femme et pour ma belle-mère, un
grand sujet de consolation. Je dis pour nous tous;
car moi-même je désirais depuis longtemps me
trouver en rapport avec un prêtre catholique. Je
n'avais pas oublié les instructions que j'avais
entendues autrefois à Baltimore, et depuis que
j'étais marié, les exhortations de ma femme et
de ma belle-mère m'avaient vivement excité à
pratiquer une religion dans laquelle j'étais né,
mais que je n'avais, pour ainsi dire, jamais
connue.

Je me trouvais à Houston en janvier 1839 pour
la réunion du congrès, dont je faisais partie,
lorsque arrivèrent les deux premiers missionnaires français. Ils furent parfaitement accueillis,
et l'un d'eux prêcha au Capitole, dans la salle

des délibérations, en présence de l'assemblée des
représentants de l'État. Son discours, qui dura
une heure et demie, fut parfaitement goûté,
même de ceux qui appartenaient aux sectes dissi-
dentes.

Je m'empressai, après le sermon, d'aller le
trouver. En apprenant que j'étais français et
catholique, le bon missionnaire m'embrassa en
versant des larmes et en me répétant : « Vous
êtes doublement mon frère. » Ce fut lui qui
me réconcilia avec l'Église. J'aurais bien désiré le conserver longtemps parmi nous; mais
ses occupations le rappelaient à la Nouvelle-
Orléans. J'eus le bonheur toutefois de l'amener
dans ma famille, où il passa deux jours, et
où il fut reçu comme un père au milieu de ses
enfants.

Depuis ce temps, d'autres missionnaires sont
venus au Texas. Galveston a été érigé en évêché suffragant de la Nouvelle-Orléans; mais le
nombre d'ouvriers évangéliques est loin d'être
encore en rapport avec l'étendue du diocèse,
presque aussi grand que la France, et avec une
population catholique disséminée sur ce vaste
territoire.

Nous avons fait construire une chapelle dans
notre résidence, et tous les dimanches et fêtes

un prêtre français vient officier dans notre petite colonie toute française et toute catholique :
car trois ou quatre autres planteurs, nos voisins, sont des Louisianais d'origine française; nos
familles s'allient entre elles, et, quoique nous
soyons tous maintenant Texiens de cœur, nous
conservons un précieux souvenir de la mère
patrie.

Pour moi, je n'ai pas voulu mourir sans la
revoir. Aujourd'hui ce vœu de mon cœur est
satisfait, et je vais bientôt retourner dans ma
nouvelle patrie, où j'espère finir paisiblement
mes jours, au sein de ma famille.

FIN

TABLE

TABLE 191

41197. — Tours, impr. Mame.

Original en couleur
NF Z 43-120-8

www.ingramcontent.com/pod-product-compliance
Lightning Source LLC
Chambersburg PA
CBHW070402090426
42733CB00009B/1494